16 读·党史 第16辑

开国大典

中国人 从此站立起来了

田 浩/编

中共党史出版社

开国大典

图书在版编目(CIP)数据

开国大典:中国人从此站立起来了/田浩编.—北京:中共党史出版社,2013.8(2022.7重印)
(读·党史)
ISBN 978-7-5098-2189-3

Ⅰ.①开… Ⅱ.①田… Ⅲ.①中国历史—现代史—史料—1949 Ⅳ.①K270.6

中国版本图书馆CIP数据核字(2013)第146331号

启事:本书选用的部分文字、图片,来源于各正式出版物。其中还有部分作品尚未与有关作者、编者取得联系,我们深感不安。恳请有关权利人联系我社,我们将按《著作权法》的相关规定支付稿酬。(联系人:陈海平 电话:010—82517160)

责任编辑:潘 鹏
出版发行:中共党史出版社
社　　址:北京市海淀区芙蓉里南街6号院1号楼
邮　　编:100080
网　　址:www.dscbs.com
经　　销:新华书店
印　　刷:北京君升印刷有限公司
开　　本:145mm×210mm 1/32
字　　数:116千字
印　　张:5
印　　数:7001—9000册
版　　次:2013年8月第1版
印　　次:2022年7月第3次印刷

ISBN 978-7-5098-2189-3
定　　价:15.00元

此书如有印制质量问题,请与中共党史出版社出版部联系
电话:010—82517197

目录
CONTENTS

CONTENTS

新中国的成立 /田然

1948年12月30日，毛泽东在新年献词中发出“将革命进行到底”的伟大号召。但为了早日结束战争，减少人民的痛苦，中国共产党仍愿意同南京政府或地方政府、军事集团进行和平谈判。毛泽东提出惩办战争罪犯、废除伪宪法和伪法统、改编一切反动军队等八项条件作为谈判基础。1949年4月13日，国共代表开始在北平举行正式谈判。4月20日，国民党政府拒绝在和平协定上签字，和谈破裂。4月21日，毛泽东、朱德发布向全国进军命令，人民解放军迅即向尚未解放的广大地区举行规模空前的全面大进军。

4月20日夜至21日，由总前委书记邓小平统一指挥的刘伯承、邓小平等领导的第二野战军和陈毅、粟裕、谭震林等领导的第三野战军，在第四野战军先遣兵团、中原军区部队配合下，得到江北人民的支援和江南游击队的策应，在西起九江东北的湖口、东至江阴的千里战线上，发起渡江战役，百万雄师分三路强渡长江，彻底摧毁国民党苦心经营的长江防线。4月23日，解放军解放南京，延续22年的国民党反动统治宣告覆灭。

解放军各路大军以秋风扫落叶之势，继续向中南、东南、西北、西南各省胜利进军，分别以战斗方式或和平方式，干净、利落地解决残余敌人。解放南京的次日，攻克太原。5月，先后解放杭州、南昌、武汉、西安和中国最大的城市上海。7月上旬解放浙江全省(除舟山群岛外)。8月，攻克福州、兰州，湖南省和平解放。9月，在攻克西宁、银川之际，新疆省和平解放。九十月间，解放军在衡(阳)宝(庆)战役中重创国民党军白崇禧部主力，然后向广东、广西进军。至此，中国大陆大部分国土获得解放。

在中国新民主主义革命即将取得全国胜利的前夜，中共中央于1948年9月召开政治局扩大会议，为最后打败蒋介石、夺取革命在全国的胜利作了思想、政治、组织上的重要准备。1949年3月，又在河北西柏坡召开中共七届二中全会。全会根据毛泽东的报告，制定了促进革命取得全国胜利和组织这个胜利的方针，确定了革命胜利后新民主主义建设的蓝图；规定了全国胜利后，党在政治、经济、外交方面应当采取的基本政策，以及使中国由农业国转变为工业国、由新民主主义社会转变到社会主义社会的总的任务和主要途径；着重讨论了党的工作重心由乡村向城市实行战略转移的问题。全会特别提醒全党，在革命胜利后务必继续保持谦虚、谨慎、不骄、不躁的作风，务必继续保持艰苦奋斗的作风，警惕资产阶级“糖衣炮弹”的攻击。中共七届二中全会结束后，中共中央及其所属机关由西柏坡迁至北平。

国民党反动政权既被推翻，筹建新中国的条件便已成熟。6月15日，新政治协商会议筹备会第一次全体会议在北平召开，成立了以毛泽东为主任的筹备会常务委员会，负责起草共同纲领，拟定政府方案，全面展开筹建新中国政权的工作。

6月30日，毛泽东发表《论人民民主专政》一文，回顾中国革命的奋斗历程，指出：资产阶级共和国的方案在中国是行不通的，我们所要建立的新中国，只能是工人阶级

人民日報

中國人民政協制定人民大憲章

全體一致通過共同綱領

並通過中央人民政府副主席及委員名額，關於選舉人民政協全國委員會和中央人民政府委員會的規定，主席團關於代表提案的審查報告

人民政協全體會議通過提案

否認僞政府聯大代表

慰勞全國人民解放軍

交由中央人民政府分別執行

中國人民政治協商會議組織法

中國人民對全世界的莊嚴宣告

中華人民共和國中央人民政府組織法

《人民日报》刊载中国人民政治协商会议第一届全体会议通过《共同纲领》的消息

(经过共产党)领导的以工农联盟为基础的人民民主专政。9月7日，周恩来向政协会议代表分析中国民族关系的历史和现状，说明中国共产党关于国家制度的基本主张之一是实行民族区域自治，而不是联邦制。

9月21日，中国人民政治协商会议第一届全体会议在北平隆重开幕。毛泽东在开幕词中庄严地宣告："占人类总数四分之一的中国人从此站立起来了。"这次政协会议通过了《中国人民政治协商会议共同纲领》。其中规定："中华人民共和国为新民主主义即人民民主主义的国家，实行工人阶级领导的、以工农联盟为基础的、团结各民主阶级和国内各民族的人民民主专政"。"人民行使国家政权的机关为各级人民代表大会和各级人民政府"；"各级政权机关一律实行民主集中制"。经济建设的根本方针是，"以公私兼顾、劳资两利、城乡互助、内外交流的政策，达到发展生产、繁荣经济之目的"；国家调剂国营经济、个体经济和私人资本主义经济等，"使各种社会经济成分在国营经济领导之下，分工合作，各得其所，以促进整个社会经济的发展"。《共同纲领》规定，国内"各民族一律平等，实行团结互助，反对帝国主义和各民族内部的人民公敌，使中华人民共和国成为各民族友爱合作的大家庭"。

"各少数民族聚居的地区，应实行民族的区域自治"。新中国外交政策的原则是，保障"国际的持久和平和各国人民间的友好合作，反对帝国主义的侵略政策和战争政策"。《共同纲领》展示了新中国的宏伟建设蓝图，是新中国的建国纲领。在全国人民代表大会制定宪法前，它具有临时宪法作用，成为全国各族人民共同遵守的大宪章。

这次政协会议一致选举毛泽东为中央人民政府主席，朱德、刘少奇、宋庆龄、李济深、张澜、高岗为副主席，周恩来等56人为中央人民政府委员会委员。会议决定新中国的国名为中华人民共和国，北平为新中国首都并改名为北京；采用公元纪年；以《义勇军进行曲》为国歌，五星红旗为国旗。会议于9月30日胜利闭幕。当晚，在天安门广场举行了人民英雄纪念碑奠基典礼。

1949年10月1日中华人民共和国成立，是中国有史以来最伟大的事件，也是20世纪世界最伟大的事件之一。这天下午，北京30万军民在天安门广场隆重举行开国大典。毛泽东主席在天安门城楼上庄严宣告："中华人民共和国中央人民政府今天成立了。"他按动电钮，五星红旗冉冉升起。人民解放军三军受阅部队迈着威武雄壮的步伐通过天安门前。群众游行的队伍高举红旗，纵情欢呼人民当家作主的共和国的诞生。

细说北平和平解放 /王汉斌

派傅冬菊做其父的工作

记者：1949年1月21日，傅作义召开高级军官会议，宣布接受和平改编。31日，傅作义部25万人全部开出北平城，人民解放军东北野战军第四纵队开进北平城内担任卫戍任务，古城北平和平解放，平津战役胜利结束。这看似简单顺利的历史背后一定有着许多鲜为人知的故事。傅作义下决心接受和平解放北平，他女儿傅冬菊起的作用肯定是无可替代的。听说您和傅冬菊是同学，您能介绍一下傅冬菊参加革命的情况吗？

王汉斌：傅冬菊是傅作义和元配夫人张金强的大女儿。抗战初期，傅冬菊在重庆南开中学上学，经常和进步同学一起在节假日到重庆新华日报社，与中共南方局青年组负责人刘光、朱语今联系，接受革命教育，参加进步的读书会。傅冬菊高中毕业后，考入在昆明的西南联合大学。在联大傅冬菊与我是同班同学，我和她相识是由她在南开中学的进步同学介绍的。1945年一二一运动时，我介绍她加入党的外围组织“民主青年同盟”。西南联大毕业后，傅冬菊到天津《大公报》担任记者。她利用自己的特殊身份，通过“华北剿总”在天津黄家花园设立的办事处，掩护一批进步同学到解放区，我也在黄家花园住过。1948

年，我提出并由天津南系地下党发展傅冬菊入党。同时，天津南系地下党安排介绍傅冬菊的爱人——《平明日报》记者周毅之入党，并由我为其举行了入党宣誓。

记者：您作为北平和平解放的亲历者，能否讲讲当年共产党是怎么开展争取傅作义的工作的？

傅冬菊

王汉斌：1948年5月前后，就已经提出要争取傅作义。当时华北局城工部派曾平到天津《大公报》找傅冬菊，要她做傅作义的工作。傅冬菊向我们汇报了这个情况，我们对曾平毫无所知，觉得如此重大的事情应该通过组织系统来安排，就决定让傅冬菊不必答复曾平。

到1948年11月初，人民解放军解放了沈阳，东北野战军即将入关解放平津。城工部的刘仁同志专门派撤退到城工部的南系地下党党员回来传达指示，说北平很快就要解放，为配合解放，党中央决定找傅冬菊做争取傅作义的工作；平津南北地下党立即合并。根据刘仁同志的指示，南系地下党学委立即把傅冬菊从天津《大公报》调来北平全力做争取傅作义的工作，同时又布置职业青年支部书记李炳泉通过他的堂兄“华北剿总”联络处长李腾九做傅作义的工作，并调来周毅之做傅冬菊的联络员，以便随时同傅冬菊联系。

记者：现在一些影视作品对傅冬菊如何做她父亲的工作，有不少描述。您作为知情者，能介绍一下这方面的细节吗？

王汉斌：傅冬菊根据我的布置，劝说傅作义同共产党谈判。她对傅作义说：您现在是仗打不下去了，如果逃到南方去，从以往的历史经验来看，在蒋介石那里，您没有军队，也是吃不开的。还是同共产党谈判，能争取较好的前途。当时李炳泉找他堂兄李腾九做傅作义的工作。傅作义对李腾九说，我对共产党的政策不了解，能不能找点资料看看。我们研究以后，给了他毛泽东的《论联合政府》。傅作义看后说，联合政府我还是赞成的。这就让我们有了活动的余地。

当傅冬菊根据城工部指示跟傅作义摆明，要么投降，要么起义。但是傅作义都不接受，他说："起义，我就对不起蒋先生；投降，我傅作义的面子太难看了。"

当傅冬菊向傅作义提出希望他放下武器，与共产党合作，接受和谈，和平解放北平时，傅作义很有政治经验，怕是"军统"、"中统"特务通过他的女儿套他话，于是就追问："是真共产党还是'军统'？你可别上当！"傅冬菊肯定地回答："请爸爸放心，是我们的同学，是真共产党，不是'军统'。"傅作义告诉傅冬菊："你每晚从我这里回家是否有人跟踪？一定要当心！"又问："你是不是参加了共产党？"傅冬菊说："我还不够格。"在谈判时，傅作义还一再让我们把电台放到中南海他那里，说放到外面不安全。我们没敢答应。

1948年12月10日左右，解放军攻占丰台。第二天傅冬菊告诉我说，傅作义昨夜两三点从位于万寿路的"剿总"总部跑回中南海，因为事先一点儿情报也没有，解放军就突然出现在丰台了。傅作义对傅冬菊说："回天津去，你在这儿碍事。"傅冬菊表示铁路都断了，无法回去。傅作义说派飞机送她回去。傅冬菊说："我是你的大女儿，现在你遇到这么大的困难，我还得陪着你，不能离开。"对这些情况，我们都随时向城工部作了汇报。

多种途径对傅作义施加影响

记者：据资料显示，当时北平地下党有几方面的人在做傅作义的工作，听说北平工厂、学校、报社、铁路局、电信局以至国民党的党、政、军、警、宪、特等机关，到处都有中共地下党的同志，是这样吗？

王汉斌：是的。北平地下党通过多种途径对傅作义施加影响。当时，曾由北平地下党学委秘书长崔月犁，请出傅作义的老师刘厚同劝说傅放下武器。在对傅作义做工作时，针对傅作义的犹豫动摇，刘厚同反复向他谈形势、摆利害，转达我党的政策和对傅作义的希望及要求；明确指出傅作义要顺应人心，当机立断，切不要自我毁灭。傅作义决定接受和平改编后，刘厚同不以功高自居，表示从此隐退，回到天津。

邓宝珊当时是国民党"华北剿总"副总司令兼榆林地区国民党军司令。邓宝珊与崔月犁曾多次接触。他曾提醒崔月犁，"军统"活动很厉害，要崔多加小心。傅作义由犹豫到下定决心，邓宝珊是起了重要作用的。他曾多次出城与我前线总指挥部商议起义的具体条件和细节问题。

记者：李炳泉受党委派代表北平地下党参加了敦促傅作义和平解放北平问题的谈判，作出了贡献，后来有的资料却把李炳泉说成是傅作义的代表，请问这是怎么回事？

王汉斌：李炳泉怎么会是傅作义的谈判代表！他也是我们西南联大的同学，很早就入党了。1946年秋，傅作义在北平创办《平明日报》。李炳泉的堂兄李腾九是傅作义"华北剿总"联络处长，他推荐李炳泉去平明日报社担任采访部主任。李炳泉到平明日报社任职后，把地下党员李孟北、王纪刚也安排到报社任记者。同时，李炳泉出主意，让我找傅冬菊推荐，这样我也当了《平明日报》国际版编辑。

李炳泉的夫人为了澄清这个事实，给我写过信。我向有关方面专门写信，说明李炳泉不是国民党的代表，是共产党的代表，他当时是南系地下党平津学委职业青年支部书记。

北平和谈详情

记者：最初双方的谈判顺利吗？具体是如何展开工作的？

王汉斌：经过傅冬菊反复劝说，在解放军攻占新保安、张家口的压力下，傅作义被迫同意派代表同地下党的代表谈判。开始谈判时，我们考虑还要李炳泉通过李腾九做傅作义的工作，决定派《益世报》记者刘时平为地下党的谈判代表，同傅作义的代表李腾九进行谈判。刘时平也是西南联大同学，他是绥远人，同傅作义"华北剿总"的人比较熟悉。在谈判进行中，刘时平因一件涉及民主人士的案件被捕，我们又改派李炳泉为谈判代表。经过双方商定，傅作义派崔载之为代表，由李炳泉带领，于1949年1月13日出发，一同到解放军前线司令部谈判。崔载之是平明日报社社长，深得傅作义信任。傅作义通知其政工处长王克俊挑选可靠人员做好秘密出城的安排。我们通过地下党的电台，把李、崔出城的事报告城工部。根据城工部布置，我们安排李、崔二人坐吉普车从西单出发，经广安门到丰台，由解放军派人将他们送到解放军平津前线司令部。后来傅作义又调来周北峰、邓宝珊，帮助做和谈工作。

在谈判过程中，有些问题同傅作义的意见还有距离，迟迟未能达成协议。在这种僵持的局面下，党中央决定先攻打天津对傅作义施加压力，从1月14日发动进攻，只用29小时就打下了天津。这时傅作义着急了，提出要立即同共产党谈判，表示解放北平可以迅速达成协议，还说天津其实也可以不用打。

1月15日，傅作义派出的和谈代表——国民党"华北剿总"副司令邓宝珊和周北峰到解放军平津前线司令部谈判，双方达成和平解放北平的基本协议。1月21日，傅作义在北平召开高级军官会议宣布接受和平改编。1月31日，"华北剿总"、正规部队、特种部队及非正规军部队

傅作义作为水利部部长在一届全国人大第五次会议上发言

总计25万人，全部开出北平城，听候改编；东北野战军第四纵队开进北平城内，接手全城防务。至此，平津战役胜利结束，北平以和平方式回到人民的怀抱。

记者：听说有一个小插曲，一封给傅作义的信差一点使北平和谈成果受影响？

王汉斌：不错，是林彪给傅作义的信。那封信比较尖锐地指责了傅作义，周北峰带回来后不敢交给傅作义，就让傅冬菊交给他。傅冬菊感到这封“最后通牒”措辞严厉，担心父亲在部队出城改编时被激怒，就放在父亲的文件堆下面。结果新华社在和平协议签订后发表了这封信。傅作义很不高兴。最后，只好向他解释，那封信是因为当初在傅部占领张家口时，他的气焰非常嚣张，说要毛泽东下台，自己也下台。所以，解放区人民对他很不满意。信是为了向解放区人民有个交代，对他没有什么影响。虽然傅作义不高兴，但事已至此，也就让它过去了。

记者：“北平方式”成为后来解放湖南、新疆、云南等的范例；它使驰名世界的文化古城免于战火，完整地保存下来，为新中国定都北平创造了便利条件。

王汉斌：对！“北平方式”是毛泽东主席讲的，它对以后解放湖南、新疆等地确实起了很大的作用。北平和平解放，使北平这个城市保留了文化古迹。为了避免打到文化古迹，那时每天都试炮，我们每天要报告试炮的炮弹都落在哪儿。我当时住在东厂胡同北大文科研究所，离我住房几十米的地方就落下过一枚炮弹。

记者：资料记载，1949年2月22日傅作义到西柏坡见了毛泽东，说：“我有罪。”毛泽东则说：“你做了一件大好事，人民是不会忘记你的。”

王汉斌：北平和平解放后，毛泽东主席曾几次接见傅作义，同他亲切交谈，称赞：“和平解放北平，宜生（傅作义字宜生——编者注）功劳很大！”尔后，又安排他担任全国政协第一、二、三届常委，全国政协第四届副主席，第一、二、三届全国人大代表，国防委员会副主席，水利部部长，水电部部长。1955年全国人大常委会授予他一级解放勋章。1974年傅作义病重，周恩来总理抱病到病房探望，转达毛主席的问候：“毛主席叫我看你来啦，说你对人民立了很大的功！”傅作义逝世后，周总理亲自主持追悼会，叶剑英同志致悼词，代表党和政府给予傅作义极高的评价。他的女儿傅冬菊在北平和平解放后，由组织上分配到人民日报社工作，为我国新闻事业作出了重要贡献。

（摘自《王汉斌访谈录：亲历新时期社会主义民主法制建设》，中国民主法制出版社2012年版）

我为开国大典忙直播

/杨兆麟

1949年10月1日的开国大典，举国同庆，永远彪炳史册。而开国大典的实况广播工作，也是中国人民广播史上的重要一页。

早在开国大典一个多月之前，北京新华广播电台（中央人民广播电台前身）各有关部门就开始进行准备工作。胡若木、高而公和我分工编写实况广播稿，我们一次又一次地到郊外去采访阅兵式和分列式演习的队伍，并且到参加游行的各机关、团体、学校、工厂、农村去了解情况。

当时的技术装备相当简陋。要使整个天安门广场都能清楚地听到城楼上主席台的声音，并且传播到全国，只有一个喇叭的普通扩音机是不能适应需要的。1940年创建延安新华广播电台时期负责技术工作的傅英豪设计、制作了一种大型扩音机，把9只喇叭装置在一块板子上，形成强大的音量，我们把它叫做“九头鸟”，在广场上架设了好几个，把问题解决了。技术上还有一个大难题，朱德总司令阅兵时，要乘检阅车从广场中央驶向东长安街，然后再返回广场。在广场以内的音响问题已经解决，可是，检阅车一开出广场，那边的音响就无法传回设在天安门城楼下面的机房了。工程师黄云想出一个办法，在检阅车的挡风玻璃板上安装一

朱德总司令在开国大典上检阅中国人民解放军

只话筒，在车的尾部安装上一小喇叭，同时在记者和技术员的采访车上安装机器，采访车还要尾随其后。事关重大，要报请阅兵指挥部批准。我们向指挥部说明了情况，他们很理解让全国人民听到阅兵情况的重要性，就批准了这个方案。在西郊飞机场演习时，我和黄云乘坐采访车，紧跟着检阅车，朱总司令向受阅部队高呼："同志们辛苦了！"战士们齐声回答："为人民服务！"这些呼应的声音都录了下来。由于车速和时间都有严格规定，我们录音的长短同样经过了精确计算，准备到10月1日按照程序播放。

经过一个多月的紧张工作，一切准备就绪。这一天，晴空万里，阳光灿烂。俯瞰广场，受阅部队全体肃立，广场的南部站满了各界群众，都在静静地等待着那个庄严的时刻。

下午2点55分，毛泽东、刘少奇、朱德等党和国家领导人，健步走上城楼。主持庆典筹备工作的周恩来，早已提前来到城楼上，以他一贯的严谨、负责的作风，仔细检查了各项工作，特地过问了实况广播的准备情况。

3点钟，庆典准时开始。毛泽东以洪亮的声音庄严宣告："同胞们，中华人民共和国中央人民政府今天成立了！"整个广场，欢声雷动，通过无线电波，传播到全国的城市和乡村，并且远达海外。千千万万的人都聚集在收音机和高音喇叭周围，聆听着首都的声音，热烈庆祝新的历史时刻的到来。

我们四个人在天安门城楼第二个旗杆下面。丁一岚和齐越认真地交替朗读实况广播稿，把眼前的动人情景报告给海内外的亿万听众。胡若木和我由于事前进行了采访，撰写了广播稿，具体了解庆典的程序，用手指或者点头示意，告诉他们应该播出哪一段。

阅兵结束后，整个天安门广场和东西长安街，华灯齐放，光彩夺目。等候在东长安街和东单一线的群众游行队伍，挥舞着各色鲜花和彩旗，浩浩荡荡，欢呼着通过天安门广场。正阳门外一阵轰响，五颜六色的礼花飞向夜空。直到晚上9点20分，庆典快要结束了，毛泽东大声向广场上的群众说："同志们辛苦了，大会结束了。"按照原定的程序，我们在9点25分宣布了实况广播结束，整个广播持续了6个半小时。

我们本以为胜利地完成了任务，可是，却出现了事前无法预料的情况。聚集在广场南部的群众，高举着鲜花和彩旗，像潮水一般涌到了金水桥边，向天安门城楼上欢呼、雀跃，场景非常热烈。我们看到，毛泽东等领导人面对热情高涨的群众，似乎不忍马上离去，缓步走向城楼的东端，不断地向群众招手致意。又转身向西走来，从我们面前经过，到了城楼的西端，向这边的群众招手致意，才一同走下城楼。目睹着眼前这种生动的场面，我们四个人都束手无策，而且已经广播了结束语，只好留下深深的遗憾。

（选自《中国人大》
2009年第14期）

迎接新中国的诞生 /杨尚昆

北平解放后，解放区人口已占全国的百分之四十四，人民解放军已壮大到近400万人。二中全会结束后，书记处初步决定（1949年——编者加）3月底将中央机关迁入北平。

我从接替李富春同志的工作以来，已经经历过两次“大搬迁”：一次是从延安撤到晋西北，一次是从晋西北东进到西柏坡。那两次，都是骡马驮运和两条腿走路，还要防备敌人的骚扰和空袭。从西柏坡进北平，是第三次大搬迁。这次可不同了：一是从乡村到大城市，准备召开新的政治协商会议，建立全国性的人民政权。二是军事上、政治上我们都掌握了主动权，交通运输有汽车，有火车。但人们的心理状态也起了变化：撤离延安时，为了轻装，大家生怕东西丢不掉；这次相反，什么东西都舍不得丢，有的同志连一张木板床都想运走，说这张床睡着舒服得不行，一定要搬走。只好说服大家。三是进入北平，最尖锐的问题是安全警戒。北平是国民党华北“剿总”的所在地，原来特务机构林立，包括国防部的保密局、二厅、党统局，华北“剿总”二处，阎锡山的特务系统，还有美英的国际间谍，八大系统，另有从东北、华北和西北流窜进北平的暗藏特务，一下子不能都弄清

杨尚昆在长征到达陕北后，与当时红军干部的合影。前排左起：王首道、杨尚昆、聂荣臻、徐海东。后排左起：罗瑞卿、程子华、陈光、邓小平

楚。国民党北平的党政军机关虽然已被我军管或宣布解散，但社会政治环境一时还来不及清理。中央机关的搬迁和安置是一项必须做到万无一失的严重政治任务。所以，年初中央就成立了“转移委员会”，由周恩来同志主管，我和曾三具体负责，着手进行筹备。

首先是驻地的选择。1月中，我先后派李克农和范离去北平选地。中南海曾经是国民党华北“剿总”的驻地，地处闹市，安全警戒条件不成熟。他们和叶剑英、彭真同志商量后，建议先以离北平市区20公里的香山为中央机关的临时驻地。那里林木葱郁，环境幽静，又利于防空。中直机关共有工作人员5500多人，香山的慈幼院有一批现成的房屋可以利用，这个慈幼院是曾任北洋政府国务总理的熊希龄创办的，只要牵动一家，将房舍略加修缮，便可供中央机关使用。双清别墅是熊的住宅，可以供毛主席临时居住。2月底，克农同志来电，对香山驻地的安排提出一个方案：为了保密，对外称“劳动大学”。第一站称劳大的筹备处，设在市内弓弦胡同15号。第二站称劳大收发处，设在青龙桥。第三站

称劳大招待所，就进入香山。中央机关分驻在香山，军委机关分驻在西山一带，中央警卫和公安部门分驻在西直门、颐和园至香山一带。工青妇等群众团体为了便于联系群众，驻在城内。北干警备司令程子华和李克农一起去香山进行过勘察。

其次是安全警戒问题。恩来同志十分重视。2月9日，陈云和罗荣桓同志从东北到西柏坡向书记处汇报工作，恩来同志请四野先抽调一个师到香山一带驻守，准备保卫党中央。在这之前，他还向我介绍两个人，一个是搞扫雷的，一个是搞无线电的。他们和范离等一起，作为先遣人员去香山。后来，四野派吴烈所部一个师进驻香山一带，并在香山制高点"鬼见愁"建立了一个高射炮阵地。

再就是交通电讯问题。早在1月下旬，北平和平解放已基本定局时，中央请滕代远同志到西柏坡，商谈铁道部的工作问题。2月初，恩来同志和滕代远、吕正操、黄克诚商谈，布置中央机关进北平的交通安排。从西直门到香山，当时没有正规的公路，汽车上不去。我们从四野调来一个工兵连，用20天赶修了一条公路，汽车可以直上香山。到双清别墅，这是我们进北平前修的第一条公路。在搬迁过程中，广播不能中断。延安撤退时，新华广播电台先在瓦窑堡过渡了一段。我们到三交后，考虑到电台的功率大，容易被敌人的测向机发现，所以把它搬到太行山区去发播，呼号仍用延安新华广播电台的。这件事曾弄得胡宗南晕头转向，到处找我们的电台。这次进北平前，我特地请廖承志同志来，把电台广播的交替问题安排好。至于香山的电话，在我们进驻前已经接通。

3月16日晚，我们将迁移的准备情况向朱德和周恩来同志汇报。朱老总说：毛主席的意思是想在这里再留住两个月，如果和平谈判，也可以在这里进行。但恩来和弼时同志主张快些进北平，因为北平的政治活动日渐频繁，中共中央偏居西柏坡，工作很难适应。比如，李宗仁上台后，2月14日，颜惠庆、邵力子、章士钊、江庸4位七旬老人作为"上海和平代表团"从上海经青岛飞达北平，要求会见毛主席。经毛主席同意后，他们由北平飞石家庄，再乘车到西柏坡。15日，上海航运界代表也到达北平，前来商谈南北通航问题。25日，李济深、沈钧儒、郭沫若、谭平山等35位民主人士由沈阳到达北平。3月1日，中华全国学生代表大会在北平开幕。接踵而来的是，中华全国文艺工作者协会、中国妇女首届代表大会和中国新民主主义青年团首届全国代表大会都将在北平召开，来自全国各省市的各界代表纷纷奔向北平。北平的政治中心地位，越来越显得突出。从客观需要到主观准备，中央机关迁移北平的条件已经成熟。3月17日晚，党的七届二中全会已结束而公报尚未发表时，中央书记处决定：23日启程向北平进发。

北平方面，成立了迎接中央迁平组织委员会，由叶剑英负责，成员还有聂荣臻、程子华、刘亚楼和李克农4人，并准备举行隆重的入城仪式。毛主席知道后，主张缩小规模，减少浪费，改在西苑机场检阅驻平部队，会见各民主党派领导人和无党派爱国人士。

在西柏坡方面，19日，周恩来主持召集各单位负责人会议，由赖祖烈报告香山驻地的情况。会上宣布中央书记处在25日抵达北平，指定我在24日提前到达北平。根据这个日程，我和曾三等商定，由曾三、邓典桃、邓洁、廖志高和方志纯负责转移的组织工作。因为恩来同志要集中精力同南京政府代表进行和平谈判，中央决定由朱老总主管中央办公厅的工作。

3月23日，新华社向全国发布党的七届二中全会的公报时，毛主席和书记处同志率领中央机关和中国人民解放军总部，离开最后一个农村指挥所，向北平进发。

这天下午，我和伍云甫一起坐小吉普离开西柏坡。为了赶在中央的队伍之前到达北平，我们不走经

香山双清别墅。1949年3月25日中共中央从西柏坡迁入香山

行唐、唐县到保定那条线，而走捷径经灵寿，北向定县，到保定时已是子夜时分。这时，保定满城都是向平津迁移的人，解放饭店已经住得满满的。我们只得找到一个叫交通旅馆的小客栈，在大炕上挤了一个晚上，天一亮又赶路。24日中午，到涿州，在四十二军万毅同志驻地略事休息。下午3时又乘车赶路，终于在24日黄昏赶到目的地，在香山和范离、田畴会合。当晚，我们住在山下的振芳楼。后来才知道，毛主席一行23日夜住在唐县的淑闾村，24日下午到涿县，夜宿四十二军司令部大院，25日凌晨2时从涿州上火车，清晨到达北平西郊的清华园车站下车，到颐和园益寿堂休息。

25日上午，我和伍云甫上香山查看毛主席和书记处的住房。毛主席的住所安排在双清别墅，坐北朝南，房舍宽敞，四周竹木新绿，两棵参天的银杏树，新芽初绽，环境颇为安静。西南面有两个防空洞。西边，有百米小径，通向来青轩，是朱德、刘少奇、周恩来和任弼时同志的住所。我住在附近的昭庙，这是中直党委和中央办公厅秘书处的办公处。中午，叶子龙来电话，让我立刻去颐和园益寿堂。我赶到益寿堂时，只见空荡荡的冷屋子里，没有床铺，没有沙发，只有用木凳拼搭成的铺位，铺上被褥，供他们午休。恩来同志给我的任务是迅速到西苑机场，最后作一次现场检查。

在颐和园，我见到了伯钊。多

时不见，她显得瘦削了点，但精神焕发。没有时间细说。我只来得及告诉她小二和小妞都很好，说罢便去西苑机场执行任务。这时，四野参谋长、阅兵总指挥刘亚楼已率领三个步兵团、两个炮兵团和一个坦克营雄赳赳地列队在停机坪上，等候检阅。检查完毕，我又赶回香山。因为在益寿堂的休息室里看到事先没有准备餐饮和休息的床铺，所以急于回到香山检查这些细节。遗憾的是，这一来我没有能够参加中央入城检阅这一盛事。

中央军委机关也在香山，分驻几处：作战部一局在碧云寺，二局在卧佛寺，三局在八大处。统战部因为要招待民主人士，驻在城里，是最早搬入中南海的一个单位。

中央机关在香山，虽然有前面所说那些优点，缺点是交通不方便，又太分散，有时跑一个地方就要花一天时间。办公厅没有汽车，从香山到城里办事没有车不行，难煞了交通科长王敬先。我只好跑到四野政治部找萧向荣，他是秘书长。他们收缴了一二百辆小汽车。我说你给留20辆行不？他答应了，这才稍稍缓解了矛盾。以后就考虑把中央机关迁入中南海。

从4月开始，我们接管了中南海，成立中南海管理处，由周子健任处长。中南海年久失修，许多地方要清除垃圾，修整房舍。3月29日，恩来同志通知我，南京的和平谈判代表团4月1日抵北平，谈判地点决定在中南海的勤政殿。谈判期间他将以山下工作为中心，各地来的电报全部集中到我这里，酌情处理。国民党的代表住在六国饭店，我方的代表和工作人员还住不进中南海，只好住在北京饭店。周恩来、王稼祥、叶剑英、李克农和我，以及一部分工作人员都住在一起。谈判开始后，恩来同志白天谈判，晚上去香山向毛主席商讨和汇报，忙碌得不得了。如果仍住在北京饭店，他就不可能得到安静的休息。我同周子健商量，在中南海给他安排一处住所。当时，统战部长李维汉住在西花厅，林老住在颐年堂侧面的菊香书屋。周恩来就和林老住在一起。到6月中，中央机关陆续搬进中南海。菊香书屋安排给毛主席住，西花厅给恩来同志住。从此，他在西花厅住了27年，直到逝世。

4月20日，李宗仁、何应钦拒绝在《国内和平协定（最后修正案）》上签字，国共和平谈判破裂。21日，中国人民革命军事委员会主席毛泽东、中国人民解放军总司令朱德发出《向全国进军的命令》。人民解放军第二野战军和第三野战军百万大军，在西起九江湖口、东至长江要塞江阴的500公里江面上飞渡天堑长江。23日，我军以凌厉之势占领南京，国民党反动派在大陆的统治宣告覆灭。

1957年，毛主席在谈到当年大军南渡长江时说：1949年，眼看我们就要过长江的时候，还有人阻止，说千万不能过长江，过了就会引起美国出兵，中国就可能出现“南北朝”。我们没有听他的，过了长江，美国并没有出兵，中国也没有出现“南北朝”。如果我们听了这些话，中国倒真有可能出现划江而治的“南北朝”。

正是由于人民解放军跨过长江，才破灭了南京政府划江而治的幻想，开创了革命在全国大陆胜利的新局面。军事上，人民解放军的4个野战军，分头向西北、中南、西南、华东全面进军，以摧枯拉朽之势，消灭残敌。政治上，召开中国人民政治协商会议，制定《共同纲领》，向全世界宣告中华人民共和国的成立。它充分反映出在严重的历史关头，毛主席统揽全局、敢于胜利和善于胜利的魄力！

（摘自《杨尚昆回忆录》，
中央文献出版社2007年版）

毛泽东率中共中央抵达北平的第一站

/柳林溪

1949年3月24日，毛泽东主席率党中央从河北省平山县西柏坡村移至北平，抵平后的第一个休息地方是颐和园。颐和园，也就成了毛主席进抵北平的第一站。

那时，我是颐和园管理处的主任。3月24日早晨，刚成立不久的北平市政府的秘书长薛子正给我打来电话，要我马上到他那里去，说有要事。

我赶到市政府，见到薛秘书长，还没有来得及问明白有什么事，他就对我说："介绍信已开好，你拿着信乘我的车，马上赶到社会部找李克农部长报到。具体任务，李部长会向你交代的。"

在社会部，李克农部长看完信后，望着我。他那张非常严肃的脸上，隐约流露出几分神秘和一丝无法掩饰的喜悦。他说："今天晚上10点钟左右，党中央毛主席从平山县西柏坡来北平，要在颐和园景福阁休息。你在东大门等候，负责接待安排毛主席和中央领导同志的休息。"

"保证完成任务！"我按捺不住激动的心情，立即站起来答道。

毛主席率党中央从西柏坡移至北平，这标志着随着人民解放军的胜利进军，党的工作重心已由乡村移到了城市，人民解放战争的全面胜利已是指日可待了，一个新中国就要诞生了。

这是多么振奋人心、令人激动的消息啊!

组织上把接待毛主席这么重要的事情交给我，是党和人民对我的信任，我绝不能辜负党和人民对自己的期望，一定做好接待毛主席和中央领导同志的工作。

天色刚黑，我就来到颐和园东大门等候。

北平，早春的夜晚寒气逼人。这时的颐和园门前冷清得很，我在大门外踱来踱去，但身上觉得暖融融的，没有感到一点寒意。

当天晚上已是夜深人静之时，毛主席和中央领导同志来了!

第一辆车是毛主席的车，我连忙上前迎接毛主席。毛主席下车后，亲切地问我:“你叫什么名字?你是颐和园的负责人?”我有些激动地答道:“我叫柳林溪，是负责人。”这时，朱德、刘少奇、周恩来和任弼时等中央领导同志也相继下车了，毛主席一挥手，说:“走吧!”我领着毛主席和中央领导同志来到景福阁。大家还没有来得及坐下，毛主席就握着我的手，问道:“你认识我?”“认识。”我说。

毛主席，我怎么能不认识呢。1943年我在延安先后在行政学院、自然科学院学习，多次聆听他的报告。1945年他为了争取和平去重庆与国民党谈判，欢送、迎接我都参加了。我们为了粉碎国民党对边区的封锁，纺过线、开过荒，在瓦窑堡搞过农场，种烟叶、种甜菜、制过糖，我简要地将我在延安学习和工作时那几年的情况向毛主席作了汇报。

毛主席听了风趣地说:“噢，是你熬的糖，我还吃过你熬的糖呢!”

毛主席的几句话，使我本来有些紧张的心情平静了下来。

毛主席劳累了一天，该休息了。我向毛主席告辞，离开了景福阁。

大约两个小时后，我正守在电话机旁值班时，毛主席身边的工作人员打电话来，说毛主席要我到景福阁谈话。在这次谈话中，毛主席详细地询问了颐和园的情况。

毛主席关切地问："接管了多少旧职员？多少工人？有没有太监？他们生活怎么样，有困难没有？"

我将颐和园的情况一五一十向毛主席汇报说："我们接收旧职员20多人，工人30多人。没有太监。他们多是年岁大的，青年人很少，生活比较贫苦。北平被包围时，全园职工连工资都领不到了。当时，就要过春节了，职工无法生活，更无法过年啦。我们进城接管后，了解到这一情况，立即报告市政府，从市财政局借来钱给职工发了两个月的工资，让大家过了个年。"

毛主席非常关心职工的生活，听到这里便赞许地说："那很好。"接着又说："对原有的职工的生活，我们要包下来，不要辞退，不要解雇，原薪是多少，还发多少。不要叫人家说，国民党时期我们有饭吃，

颐和园是晚清在紫禁城之外最重要的政治和外交活动中心，也是中国近代历史的重要见证与诸多重大历史事件的发生地

共产党来了反倒没有饭吃了。如果这样就不好了。”

我回答毛主席：“我们就是按原薪发的。”毛主席听到我们已经这么做了，满意地点了点头。

毛主席还对公园管理和园林建设问题作了重要指示。毛主席说：“过去我们在山沟里打游击有经验，进了大城市搞公园就不行了。没有经验，要向老工人学习嘛，从没有经验到有经验，先把原有的公园管好。过去的公园是地主资产阶级悠闲人士逛的，劳动人民一是没有钱，二是没有时间逛公园，我们今后不但要把原有的公园管好，还要建设许多新公园，让劳动人民都能逛公园。在劳动之余，有时间在公园休息娱乐，恢复疲劳，再回到工作岗位上，为国家做更多的工作。”

毛主席和我一直谈到次日凌晨才休息。

在颐和园停留休息后，毛主席和中央领导同志便于25日离开了颐和园，去参加在西苑机场举行的入城阅兵式。

关于毛泽东主席进抵北平的时间，众说不一。有人说是1949年3月25日，因为这一天，毛主席和中央领导同志在西苑机场检阅部队；也有人说是3月26日，因为从这天起，毛主席和党中央领导同志便在香山住了下来。但据我所知，毛主席和中央领导同志是3月24日晚上就进了北平。那晚，他们就住在颐和园景福阁内。

（摘自《中共党史资料》第49辑，中共党史出版社1994年版）

接收中南海亲历记

/夏杰

1949年1月北平和平解放时，我曾参与了接收中南海的工作。我当时在华北人民政府交际处做统战联络工作，随齐燕铭、申伯纯、金城、周子健等从西柏坡赶赴北平，为中央机关进驻北平打前站。到北平后，按照周恩来的指示，我们首先接收了中南海，并对中南海的一些建筑作了初步勘查。

赶赴北平

1948年10月1日，在人民解放战争进入夺取全国胜利的战略决战时刻，在辽沈战役的隆隆炮火中，我由河北平山县的中共华北局党校直属班调至设在石家庄花园饭店的华北人民政府交际处做统战联络工作。当时，交际处处长申伯纯一直在位于西柏坡附近的李家庄中央统战部工作，主持交际处日常工作的是副处长高铁英。

1949年1月中旬，随着张家口、天津、塘沽等大中城市的相继解放，北平和平解放的谈判进程也临近尾声。高铁英根据上级指示精神，要求交际处的所有同志即时投入到接收北平的准备工作之中。他还让大家清理个人卫生和物品，有条件的抓紧时间拆洗棉衣、棉被。他对大家说："我们党经过28年的浴血奋战，终于走出了丛林山沟，要进城了，要去大城市接管旧政府建立新政权了，我们要给大城市的

解放军进入北平的入城式

老百姓和旧政府的军政人员留下个好印象，尽快改掉不讲卫生和满不在乎的游击习气。”我那时还是个毛头青年，拆洗衣被的事干不来，只好用毛巾沾肥皂水把棉衣棉裤上的污迹擦了擦。

1月31日，人民解放军全面接管北平城防，北平和平解放。这天晚上，周恩来副主席在西柏坡召见了中央统战部秘书长齐燕铭和申伯纯、金城、周子健三位处长，要他们即刻行动，连夜出发到北平，为中央机关进京打前站。当日，申伯纯接受任务后赶回石家庄布置工作。2月1日上午，他率领我们首发小组乘坐一辆卡车赶赴北平，同车的小组成员有：郭西（人事秘书）、陈群海（保卫干事）、钟农、刘光、郑亮和我。另外，申伯纯和郭西夫妇的两个孩子也和我们同车。交际处其他同志则在高铁英带领下分批乘火车进京。车过河北正定，我们到华北大学带上了沙里、常捷、武治平、武再生、郭原等15位新参加工作的青年学生。他们一上车，就给车上带来了青春的激情和活跃的气氛，一路高唱革命歌曲，向着北平高歌猛进。当天夜宿保定。由于了解到前面路况不好，次日只好换乘三辆马车继续前进，深夜在北平丰台火车站休息。2月3日晨，北平军管会派一辆卡车接我们进城。

周恩来的电报

我们进城那天，正值人民解放军在前门大街举行入城式。接我们进城的卡车在前门大街打磨厂胡同一家小旅馆停下，下车后我们与部分乘火车先到的交际处人员会合。在申伯纯处长批准后，大家稍加洗漱就赶着上街观看入城式。

一出打磨厂胡同就是前门箭楼，此时的箭楼已简单布置成阅兵台，城楼周围和前门大街两侧挤满了欢迎的群众。参加入城式的解放军部队从永定门方向源源不断地涌向市区，走在前面的是装甲车、坦克车、汽车和骡马拉的各种火炮，接着是骑着高头大马的骑兵部队，再后边是一队队打着各种枪械的步兵。受阅部队入城后，从前门箭楼右侧通过，随即拐进东交民巷。东交民巷曾是一些外国列强的驻华使馆区，平津前线指挥部有意安排解放军在东交民巷走一走，用意深刻。北平举行的解放军入城式，不但震撼了全中国，也震撼了全世界。这激动人心的场面就像是一道将革命进行到底的动员令，深深地激励着我们，更加坚定了我们为新中国、新政权的建设竭尽全力努力工作的理想、信念和决心。

2月3日凌晨，齐燕铭、周子健、金城连同随行的十几位民主人士也从西柏坡赶到北平。他们刚一下车喘息未定，周恩来的电报便追到了北平。在北平市军管会，叶剑英一见齐燕铭就把周副主席的指示转达给他，周恩来要求齐燕铭先把中南海和北京饭店接收下来。中南海后来成为新政协筹备会议和正式会议的会址；而北京饭店则是参加会议的代表们下榻之地。

齐燕铭接到周恩来指示后，立

即与军管会及北平纠察总队接洽，准备接收中南海。当时北平刚刚解放，新旧政权交替很不稳定，我方入城的地方单位和部队很多，隶属关系复杂，进城后铺摊子占房占地的现象极其普遍。为防止意外发生，齐燕铭得知申伯纯带交际处的人已到北平后，马上通知申伯纯到六国饭店接受任务并立刻安排当天下午到中南海办理交接手续。

中南海里第一夜

2月3日下午3点，我们观看完解放军入城式后，正在前门大街牌楼西侧的华北饭庄吃饭，从齐燕铭处回来的申伯纯对我和陈群海说：“你们俩马上去旅馆取行李，随我一同进中南海。”我和陈群海随即取来行李，上了申伯纯从军管会带来的吉普车，向中南海驶去。

车到新华门，见大门敞开并无军警守卫。我们沿南海西岸向北，径直驶达丰泽园大门口。下车后，见丰泽园门廊柱上挂着“中南海公园管理处”的牌子。我们随申伯纯直接走进丰泽园的颐年堂大厅。这时齐燕铭已经先到了，大家见面后，齐燕铭让申伯纯立即找公园负责人谈话。申伯纯出去不大会儿，带进一位50岁上下的先生，他进来后毕恭毕敬地向屋里的人点头施礼。申伯纯高声向他宣布：“我们是北平军管会派来接收中南海的军管小组，我叫申伯纯，是军代表，这两位是陈群海和夏杰同志，其他同志随后就来。他们两人今天就不走了，请你给他们找两副床板，他们就睡在这里。”说完申伯纯将盖有北平军管会大红印信的公文交给了那人。那人静静地听完申伯纯的宣布后立即点头称是，并到屋外叫人去找床板，随后邀申伯纯到里屋谈话并办理交接手续。不一会儿，就有人为我们搬来床板和长凳，我和陈群海在大厅靠西墙处架起两张床，随即打开了各自的行李。接收手续很快办完了，申伯纯和齐燕铭将要离去。临走时申伯纯对我们说：“今晚辛苦你们了，明天会派郭西、郭原等同志来。你们是中央机关入住中南海的第一人，责任重大，意义重大。住下后先初步摸一下中南海的情况，院里情况复杂，晚上注意安全！”说完他看了一眼保卫干事陈群海斜挎在腰间的手枪。

送走了两位领导，我和陈群海回到屋里。晚上睡觉前我们决定到外面走走。出了丰泽园大门，对面是瀛台小岛，北平的二月夜幕来得快，才下午5点天色已是一团暗黑，影影绰绰地只能看见岛上参天的古树和古建楼阁的轮廓。丰泽园门前不远处有条带花格高护墙的引水沟，我们沿护墙下的一条窄路向西漫步，边走边警惕地观察着周围既生疏又神秘的房宅院落。突然，前面不远处的一座房顶上发出一阵响声，抬头只见一个黑影一闪而过。陈群海迅速拔出腰间的手枪顶上了膛火，一手举枪一手打亮手电，厉声高喝：“什么人？站住！”房上的黑影见状惊慌失措地沿着屋脊奔跑，飞身翻出不远处的围墙。后来我们了解到围墙外是“四存中学”的校址（1957年中南海改建时这里成为中办机要局的办公区）。毛贼跑了，我们不便追赶，立即走进那处房门大开的屋中察看。在手电筒的照射下，只见屋里杂乱无章地堆放着许多书籍，仔细翻看才知道是些国民党当局查抄的进步刊物。我无意中从地上捡起一本石印的小册子，《毛泽东论辩证法》几个醒目大字赫然映入眼帘，革命战争年代像我这样的基层干部很难读到这样珍贵的著作，惊喜之余已经爱不释手。我征得陈群海的同意，将此书带回阅读。后来，这本书在交际处中传看，可惜不知传到谁手中再也没有归还。

回到住所，由于屋里没有生火，数九寒冬只能和衣而卧。我躺在床上久久不能入睡，想到三天来从石家庄到中南海的经历；想到上午观看解放军入城式的宏大场面；也想到了眼前身处的中南海饱经沧桑的中南海，在内忧外患的摧残中已是满目疮痍，破败不堪。眼下这处历史上的军政要地竟是城门洞开无人设防，难怪毛贼横行。看来我们的接收任务将面临许多困难。就这样，我和陈群海满怀思绪地在既寒冷又陌生的中南海里度过了进京的第一夜。

……

成立中南海办事处

2月7日上午，首先来到丰泽园的是华北人民政府社会部的李富坤同志（他奉党中央委派参与罗瑞卿组建中央公安纵队，开展警卫工作）。他来这里一是了解中南海的现状，二是勘察警卫部队进驻的营房和警卫点的分布设置。此时的中南海，除摄政王府仍有北平市旧政府和民政局因需在此滞留办公外，其他闲散人员已基本清出，上述两个部门也于4月初全部撤离中南海。李富坤走后不久，由新成立的中央公安纵队警卫一师一团正式驻防中南海，团长是何有兴。

同日上午，齐燕铭与金城、周子健及高铁英带领的交际处其他工作人员一并进入中南海，一时间丰泽园里人气旺盛一片笑声，欣喜之情溢于言表。安顿下来，大家随齐燕铭一齐察看了丰泽园和瀛台。后经周子健与几位主要干部研究决定，将由石家庄、正定等地来的同志与从西柏坡、李家庄来的同

中华人民共和国成立后，中南海成为党中央和国务院的办公地，从那以后，从中南海传出的声音，整个中国都在倾听，整个世界都在关注。图为中南海新华门

志统一编组开展工作。当时拟定的主要工作有：(1) 清查中南海内所有房产的位置、面积、家具设备等并登记造册绘图列表；(2) 勘查所有房屋的破损程度，制订修复计划，联系修缮单位（年底前共修缮房屋2000余间）；(3) 联系北平市有关部门勘查修复中南海的电路、道路、上下水及安装电话等；(4) 联系有关单位清运各处垃圾并适时组织清理中南海水中的杂草淤泥（解放初中南海里到处是露出水面的淤泥、杂草和垃圾，后经组织部队清出海底淤泥达16万立方。杂草、垃圾也被彻底清运干净）；(5) 加强与北平市军管会及警卫部队的联系，配合开展整治中南海的各项工作。

周子健在全体干部大会上宣布工作职能和各组人员名单后说："我们主要是搞好中南海院内的工作，但也难免与外界打交道，俗话说名不正则言不顺，我们总得有个名称才好，我的意见暂时叫'中南海办事处'如何？"大家听后一致鼓掌通过。周子健原本就是中央统战部的处长，中南海办事处成立后我们仍称他为周处长。就这样，我们最先进驻中南海的人自行设置机构，自己起了单位的名称。散会后有人跑到丰泽园的大门口，摘掉那块"中南海公园管理处"的旧招牌。从此，我们以中南海办事处的名义开展了对中南海的全面整治工作。

中南海办事处成立后不久，我于2月21日奉命调离办事处，随申伯纯进驻北京饭店，开始了筹备新政协会议、接待民主人士、管理北京饭店的新工作。

（摘自《百年潮》2010年第11期）

迎接民主人士北上参加新政协会议 /刘昂

1947年2月，国民党依靠美帝国主义的支持，发动了全面内战，和谈已陷于完全破裂。当时担任中共驻上海办事处处长的钱之光，根据周恩来同志的指示，准备去香港，继续扩大对内对外的工作，加强解放区与香港的经济联系。就在我们准备动身的2月28日，国民党宪警和特务包围了上海办事处，赴港之行未能成功。3月7日我们全部撤回延安。到达延安的第二天，周恩来副主席又一次提出要我们到解放区沿海口岸，设法打通与香港的联系。于是，钱之光带领一支小队伍赶到烟台建点，我则留在中央董必武同志处工作。

1947年9月，烟台被国民党军队占领，钱之光又到了大连，在天津街靠火车站的附近找了一座三层楼的房子，作为落脚点，办起了中华贸易总公司。

中华贸易公司，当时并没有挂出公司牌子，但就在这座楼里，我们筹划了打通香港的航线，在大连租用外国船只，往返于大连、朝鲜罗津、香港之间，运出大豆、皮毛、猪鬃等土特产品，买回解放区急需的药品、医疗器械、电讯器材、印制钞票的纸张和兵工生产的化工原料等。当时解放区正面临着国民党军队的疯狂进攻，对外交通几乎全部被切断。为了夺取解放战争的胜利，在困难的环境下，我们除了设法通过海路采购物资外，还收集国统区的报纸杂志，供领导机关研究敌人动向。许多南来北往的干部也走这条海上通道。看起来是做买卖、搞贸易，其中包含的革命内容是丰富多彩的。

1948年5月，我军在各个战场连连报捷，国民党反动统治已走向穷途末路，形势发展之快，超出人们的预想。中共中央在1948年"五一"节发布的口号中，提出了迅速召开新的政治协商会议，成立民主联合政府的号召。这一号召立即得到热烈响应和赞成。当时大多数民主人士滞留香港，将他们安全地接送到东北解放区，参加新政协会议，成了大连中华贸易总公司最重要的工作。

1948年6月，周副主席在西柏坡找我谈话，告诉我：钱之光已经在大连建立了电台，打通了大连同香港的通道。现在，香港也准备建立电台，因此任务很重，人手不够，要我去大连接替钱之光，让他去香港主持接送民主人士的工作。我与去匈牙利参加国际民主妇委会第二次代表大会的丁玲、张琴秋等人同行。从西柏坡出发，骑牲口、坐车、步行，经山东益都到了海边俚岛，准备穿过国民党的海上封锁线到大连去。船是傍晚出

1949年9月，毛泽东与出席政协第一届全体会议代表合影

发的，深夜突然碰上了国民党军舰，探照灯在海面上来回晃动，情况很紧张。船工们与敌舰巧妙周旋，终于甩掉了敌人，于第二天一早到达大连。丁玲她们继续北上，我则留在大连，开始了新的工作。

后来，钱之光到香港与我党的联和公司接上了关系。经过一番筹划，第一批北上的民主人士沈钧儒、谭平山、蔡廷锴、章伯钧等十几位，由章汉夫陪同，到达罗津，转道去了哈尔滨。

第一批北上成功，极大地鼓舞了我们的同志。我在大连又租了一艘货轮，装载从解放区运到大连的货物和一些黄金而下。我们的任务虽然是接送民主人士，但需要用经贸工作做掩护，所以买卖越做越大。1938年我党在香港建立的联和公司的机构和办公地址已不能适应工作发展的需要了。钱之光便在香港皇后大道毕打街毕打行另租了几间大的写字间，成立了华润公司。我们党的贸易机构从此便出现在香港了。开始由杨琳任经理，以后中央决定钱之光任董事长。公司大了，买卖兴旺了，我们公司的船工一到香港，那里市场的牌价就要受波动。

华润公司在香港从事着大笔的买卖，也把大批民主人士从香港送往解放区。郭沫若、马叙伦、许广平母子、陈其尤、沙千里、宦乡、曹孟君、韩练成等第二批民主人士，由连贯陪同，又从香港出发，在庄河大东沟上船登岸，转赴哈尔滨。船还在航行之中，周海婴从自己装的收音机里收到了新华社播发的沈阳解放的消息，大家都很兴奋，到娱乐室开了一个热烈的庆祝会。郭沫若、曹孟君出了节目。有的唱歌，有的跳舞，还有朗诵的，讲故事的，充满了胜利的欢乐。

第三批北上民主人士最多，有李济深、茅盾夫妇、朱蕴山、章乃器、彭泽民，邓初民、王绍鏊、马寅初、洪深、翦伯赞、施复亮、梅龚彬、孙起孟、吴茂荪、李民欣等。周恩来同志对这次行动的指示更加具体、周密，电示我和冯铉，这批民主人士北上，要与苏联驻大连的有关部门交涉，安排最好的旅馆、确保安全，要举行宴会；请大连地委协助做好接待工作。连宴会的席位、座次都有明确的交代，还要我们为北上的民主人士准备好御寒的皮大衣、皮帽子、皮靴。从这其中，我们看到了中国共产党对各民主党派的真诚和关怀，也看到了周恩来同志严肃认真、一丝不苟的工作作风。

为什么中央对第三批北上的民主人士特别重视？因为，把民主人士顺利接送北上，也是同国民党反动派的一次较量。李济深先生是民革中央主席，各种反动政治势力也想拉拢他，作为政治斗争的资本。白崇禧就写了亲笔信，请他"主持大计"，妄图打他的旗号，由桂系与共产党"划江而治"。李济深先生离港十多天后，白崇禧派的人才到达，听说李先生走了，真是大失所望。

1949年1月7日上午，接送第三批民主人士的船抵达大连，中央派李富春、张闻天专程去码头迎接，还到他们下榻的大连宾馆挨个房间看望；民主人士非常感动。尤其听到给他们御寒的衣物是周恩来亲自指示办的，更是心情激动不已。

当时，中国革命的形势发展很快，新政协会议于1949年9月在北平正式召开，会议通过了《共同纲领》，选举了国家领导人，新中国从此犹如初升的太阳出现在世界的东方。四批民主人士先后顺利到达解放区，按期参加了新政协。在他们当中，有共和国的副主席、政务院的副总理、政务院政务委员、部长、副部长等。新中国的诞生，其中包含着大连、香港两地许多同志多少紧张的劳动啊！

（选自《党史纵横》
1990年第1期）

开国前的准备——国旗、国徽、国歌、纪年、国都的诞生 /彭光涵

1949年6月15日，中国新政治协商会议筹备会在北平召开。6月16日，周恩来同志主持召开了筹备会常委会第一次会议。为了迅速完成召开新政治协商会议及建立民主联合政府的各项必要准备工作，会议决定在常委会领导下设立六个小组。其中第六小组任务是研究草拟国旗、国徽、国歌、纪年、国都等方案，组长是我国著名教育家、中国民主促进会负责人马叙伦先生，副组长是北平军管会主任叶剑英同志，不久又增加沈雁冰（即茅盾）同志任副组长，主持日常工作，组员有张奚若、田汉、马寅初、郑振铎、郭沫若、翦伯赞、钱三强、蔡畅、李立三、张澜、陈嘉庚、欧阳予倩、廖承志等16人。

7月4日下午3时，在中南海勤政殿第一会议室由叶剑英同志主持召开了第六小组第一次会议。为了加速小组和广泛听取全国人民对制定国旗、国徽、国歌的意见，会议决定：（一）以新政治协商会议筹备会名义公开向全国人民发表启事，征集对国旗、国徽、国歌的意见和方案。并推选郭沫若、沈雁冰、郑振铎3人草拟征集条例呈送筹委会批准公布。（二）设立国旗、国徽图案评选委员会及国歌词、谱

评选委员会，除组员分别参加外，聘请专家为两组委员。会议中推选叶剑英、廖承志、李立三、郑振铎、张奚若、蔡畅、田汉、翦伯赞8人组成国旗、国徽初选委员会，叶剑英为召集人。推选郭沫若、田汉、沈雁冰、钱三强、欧阳予倩5人组成国歌词、谱初选委员会郭沫若为召集人。

会后拟的征集启事经周恩来同志审批后7月10日送新政治协商筹委会常委会批准7月14日送《人民日报》、《北平解放报》、《新民报》、《大众日报》、《光明日报》、《进步日报》、《天津日报》从7月15日至26日连续刊登8天。国内各报、香港及海外各华侨报纸也都转载了。

到9月14日小组共召开全体会议四次，座谈会多次，经全体组员和参加两个评选委员会的专家审阅、讨论，初步提出意见：

第一，关于国都。大家一致意见建都北平，改称北京，这个问题没有不同意见。

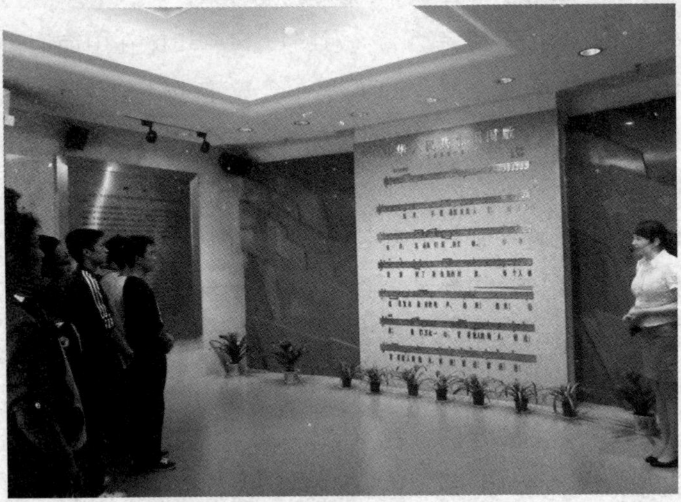

当代大学生参观国歌纪念馆，了解《义勇军进行曲》成为国歌的历程，作曲家聂耳和作词家田汉的生平以及他们与国歌不解的情缘

第二，关于国歌。应征稿中，国歌词谱比较多，包括郭沫若、马叙伦、欧阳予倩、冯至、柯仲平等知名人士的作品。小

组还评选了一部分歌词、歌谱印发给大家,有的还组织乐队演奏过,但大家都感到不理想,认为在短时间创作出理想的国歌词谱是困难的。倾向于国歌未制定前,以《义勇军进行曲》为国歌。个别同志虽也赞成用《义勇军进行曲》的曲谱,但主张修改一下歌词。

第三,关于纪年。开始有些争议,有人主张用中华人民共和国纪元;有人主张从孙中山建立中华民国开始;还有人主张从几千年前黄帝即位时开始。经查阅,世界各国采用本国纪元的只是少数国家,绝大多数国家都采用公元纪元。经反复讨论,大家一致同意采用公元纪元。

第四,关于国旗。这是争论最多的一个问题,应征稿中国旗图案最多。第六小组全组组员及参加两个评选委员会的专家们,经过反复审阅,多次讨论,将应征稿件大致分为四类并得出初步意见:

第一类,为镰锤交叉并加五角星者,此类最多,其中并有变体,例如镰锤有国际式(即苏联国旗上所用之形式)与中国式者,有将镰锤置于五角星之中,或将旗之左上方作白色或蓝色而置镰锤或五角星于其中者。

第二类,为嘉禾齿轮并加五角星,或不加五角星者,此类也有变体。

第三类,为以两色或三色之横条或竖条组成旗之本身,而于左上角或中央置镰锤或五角星或嘉禾齿轮者。

第四类,为旗面2/3为红色,1/3为白、蓝、黄各色,而加以红色或黄色的五角星者,此类也不少,其变体则为红色旗面,加黄色长条一道或两道,而五角星的位置亦各有不同。

以上图案经小组和专家们反复研究,认为虽然应征稿很多,一致认为以上第一、二、三类因模仿、不简洁不能采用,比较可供参考挑选的只有第四类。为了广泛征求意见又从中挑选评审出较好的几十幅图案。为了在评选中不带偏见,周恩来同志指示我们,把选出的几十幅图案按类型编成一册,每幅图案编号但不写作者姓名,分别送给各委员审阅、挑选。

第五,关于国徽。国徽所征集图案也不少,但投稿者都把国徽误认为国标,因此所有投稿者都绘有和国旗一样的国家标识,所谓国徽图案,经第六小组组员和专家审阅,认为绝大部分不能采用。因新政协筹备时间紧迫,最后经国旗、国徽初选委员会提出建议,筹备委员会常委会同意,国徽在这次大会暂不决定。

第六小组将以上意见和问题向新政协筹委会常委会写了报告。9月17日新政治协商会议筹备会第二次会议。就第六小组工作决议:将国旗、国徽、国歌工作移交政治协商会议第一届全体会议主席团领导。9月22日,政协第一届全体会议通过决议。建立大会国旗、国歌、国徽、国都、纪年方案审查委员会,并委任55人为审查委员,马叙伦为召集人,我担任审查委员会秘书。

9月23日,新政协全体代表分为11个小组讨论国旗、国徽、国歌等方案,各小组讨论非常认真和热烈,但各代表对第六小组挑选的国旗参考图案,各人看法不同,选择的也非常不一致。

9月25日晚8时,毛主席、周恩来同志在中南海丰泽园召开协商国旗、国歌等问题会议。出席会议的有郭沫若、沈雁冰、黄炎培、陈嘉庚、张奚若、马叙伦、田汉、徐悲鸿、李立三、洪深、艾青、马寅初、梁思成、马思聪、吕骥、贺绿汀等18人,我参加做记录。在会上,毛主席讲了几个问题:

关于国歌,毛主席说大家认为以《义勇军进行曲》做国歌最好,意见比较一致,我看就这样定下来吧!马叙伦说:我们第六小组都同意用《义勇军进行曲》做国歌,完全赞同主席意见,但有个别人要求改某些歌词。周恩来同志接着说:要用就用旧歌词,这样才能激励感情,修改了唱起来就不会有那种感情。毛主席说我国人民经过艰苦斗争虽然全国快解放了，但还是受帝国主义的包围，不能忘记帝国主义对我国的压迫，我们要争取中国完全独立、解放，还要进行艰苦卓绝的斗争，所以还是保持原有歌词好，大家热烈鼓掌表示赞同。

关于国旗，毛主席说，过去我们脑子里老想在国旗上标出中国特征，因此画一横杠代表黄河，其实许多国家国旗也不一定有什么该国特征，苏联之斧头镰刀，也不一定代表苏联特征，哪一国都可以有同样的斧头镰刀；英、美等国的国旗也没有什么该国的特征。代表国家特征可在国徽上表现出来。他拿着放大了的五星红旗图案说，大家都说这个图案好，中国的革命胜利就是在共产党领导下以工、农为基础，团结了小资产阶级、民族资产阶级，共同斗争取得的，这是中国革命的历史事实。今后还要共同努力进行社会主义建设，我看这个图案反映了中国革命的实际，表现了我们革命人民大团结。现在要团结，将来也要团结，我看这个图案是较好的国旗图案。毛主席说后大家一致热烈鼓掌表示赞同。其他人发言都赞成复字三十二号国旗图案，并热烈鼓掌通过。

关于国徽，大家发言中都对当时所设计的国徽图案不满意。最后毛主席说：国旗决定了，国徽是否可慢一点决定，原小组还继续设计，等将来交给政府去决定。

关于国都，对建都北平，改名北京，大家都一致赞成。

关于纪年问题，毛主席说，老百姓要有其他纪年我们也没有办法，我们不能制定法律去处罚他们。过去用中华民国，老百姓用甲子年，他们还是用了。但是，我们的政府还是要有个决定：采用哪个年号。毛主席讲话后，黄炎培接着表示同意主席的意见，他说，有人说采用公元纪年是以耶稣降生之年为纪年，是基督教的国家也采用公元为纪年，现在公元纪年已成为国际习惯通用的年号。少数国家采用本国纪年，但在行文写到本国纪年时，常常还要加注公元多少年，很麻烦。毛主席风趣地插话说：就是耶稣也不坏，耶稣和今天某些国家借推行基督教进行帝国主义侵略并不一样。经过热烈讨论，大家一致鼓掌同意采用世界公元为新中国纪年。

沈阳市铁西区铸造博物馆内展出新中国第一枚国徽复制品以及当时铸造新中国第一枚国徽情景蜡像

9月27日，政协第一届全体会议继续举行大会，周恩来主持会议。会议讨论审查委员会提出的《国旗、国都、纪年、国歌决议草案》，表决前由沈雁冰报告第六小组研究讨论的情况，并将五星红旗展开在主席台中间，大会逐项进行表决，最后全体代表以举手和热烈的掌声通过以下四个决议案：

（一）中华人民共和国国都定于北平自即日起北平改名为北京。（二）中华人民共和国的纪年采用公元本年为1949年。（三）在中华人民共和国的国歌未正式制定前以《义勇军进行曲》为国歌。（四）中华人民共和国的国旗为红底五星旗，象征中国革命人民大团结。

新中国成立后，根据新政协大会主席团的决定，仍由马叙伦、沈雁冰和原新政协大会国旗、国徽、国都、国歌、纪年审查委员会继续担任制定国徽任务。当时被邀请参加这项工作的专家广泛吸收党内外各界人士的意见，参考国内外有关资料，拟出了几幅基本的草图。梁思成、张仃、周令钊等专家根据政协常委会意见，综合各设计图案的优点，采用建筑上的正立面图来表现天安门，并移动华表的位置使图面显得更开阔，更庄重；颜色基本用红、金二色，更符合我国喜庆时的传统习惯。这个方案提交国徽图案审查委员会讨论时，多数赞成这一图案。周恩来总理总结大家意见，决定以这一图案为基础加以修改，并建议将麦稻穗设计成挺拔向上的形象。会后即由梁思成等人执笔，大家共同讨论，经过反复修改后，绘制出一个既有中国特征，又庄严富丽，大家都满意的国徽图案。

1950年6月28日，中央人民政府委员会第八次会议，讨论通过了政协一届二次会议所提出的《中华人民共和国国徽图案及对设计图案的说明》。通过的国徽图案是集体创作的，具有以下特征：

一、形式和色彩庄严而富丽。

二、以国旗和天安门为主要内容，国旗既可表示革命和工人阶级领导政权的意义，亦可省写国名，天安门则象征五四运动以来人民的伟大斗争和在此宣告诞生的新中国，具有“中国特征”。

三、以齿轮和麦穗象征工农，麦稻并用，亦寓地广物博的意义。以绶带紧结齿轮和麦穗象征工农联盟。

国旗、国歌、国徽、国都、纪年确定的过程，充分反映了在中国共产党领导下，全国各族、各阶层人民的大团结。它是中国人民推翻三座大山，获得了真正独立、自由、解放的不朽的历史记录。

（选自《协商论坛》
2007年第10期）

1949年10月1日毛泽东在天安门宣告的什么？

/龚育之

1949年10月1日，中华人民共和国的成立，标志着中国历史翻开了新的一页。这一页是怎么翻开的，近几年党史研究在这个问题上有什么新进展。

著名党史专家龚育之说，在描写开国盛事的一些纪实文学、回忆录和历史著作中，常常有这样一句话："1949年10月1日毛泽东在天安门城楼上宣告：中华人民共和国成立了！中国人民从此站立起来了！"这在历史的细节上，是不完全准确的。首先，中华人民共和国的成立，是在什么时候、什么场合向全国人民、向全世界宣告的？准确地说，是由中国人民政治协商会议第一届全体会议宣告的。在时间上，有这样一个过程：

1949年9月21日，毛泽东在这次会议上致开幕词，这篇开幕词以"中国人从此站立起来了"这句名言而为全中国人所铭记。开幕词中就有："我们团结起来，以人民解放战争和人民大革命打倒了内外压迫者，宣布中华人民共和国的成立了。"

9月29日通过《中国人民政治协商会议共同纲领》，这是起临时宪法作用的纲领。《共同纲领》的序言中就写道："中国人民政治协

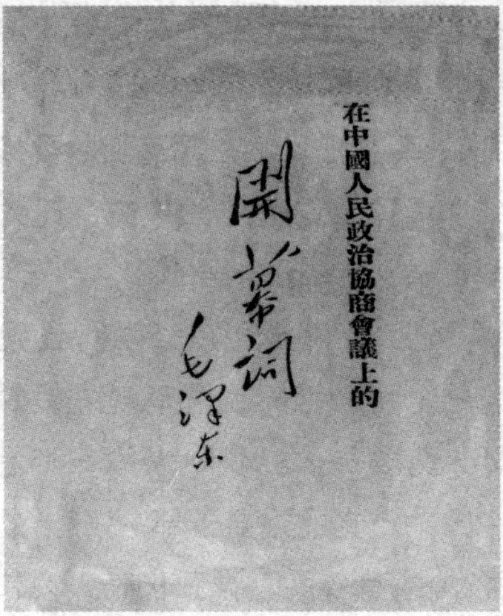
在中國人民政治協商會議上的
開幕词
毛泽东

毛泽东在中国人民政治协商会议上的开幕词文件封面

商会议代表全国人民的意志，宣告中华人民共和国的成立，组织人民自己的中央政府。”

9月30日通过的会议《宣言》，郑重地写道：“全国同胞们，中华人民共和国现已宣告成立，中国人民业已有了自己的中央政府。”

这一天的闭幕式中，朱德致闭幕词，说：“我们全体一致，宣布了中华人民共和国的成立。”

10月1日下午3时，庆祝中华人民共和国中央人民政府成立典礼（史称开国大典）在北京天安门广场开始，毛泽东主席站在天安门城楼上庄严宣告：“同胞们，中华人民共和国中央人民政府今天成立了。”

龚育之说，按开国大典的程序，毛泽东在宣布中华人民共和国中央人民政府成立之后，升国旗，同时奏义勇军进行曲，鸣礼炮，然后毛泽东宣读中央人民政府公告。公告中又说：中国人民政治协商会议第一届会议业已集会，宣告中华人民共和国的成立。说毛泽东在天安门城楼上宣布了那样两句话，就历史细节来说，当然是与事实有出入的。

龚育之认为，除了时间和场合的细节以外，还有一个细节的出入，就是语言的细节。毛泽东说的究竟是“中国人从此站立起来了”，还是“中国人民从此站立起来了”？毛泽东在人民政协开幕词中的原话，是“中国人从此站立起来了”。而《毛泽东选集》第五卷收入这篇讲话时，给原本没有另外标题的开幕词拟了一个标题：《中国人民站起来了》。《毛泽东著作选读》中,这一篇是根据《毛泽东选集》第五卷刊印的,也用了这样的标题。这样做标题,准确不准确?不够准确,因为这不是毛泽东的原话,毛泽东的原话是"中国人",不是"中国人民"。原话的说法有它的深刻含义,强调的是民族立场,是所有中国人的立场。这在开幕词同一段的另一句原话中得到印证。那句原话是:"我们的民族将再也不是一个被人欺负的民族了,我们已经站起来了。"新编《毛泽东文集》第五卷收了这篇开幕词,也另外拟了标题,新拟的标题用的是毛泽东的原话:"中国人从此站立起来了",代替了《毛泽东选集》第五卷编者所拟的那个标题。这是编辑工作的一个改进。忠实于原文的细节,又准确把握了原文的深意。

龚育之说,关于中央人民政府公告的宣读,也有一个细节。公告中有一个颇长的名单,除主席、六位副主席外,还包括56位中央人民政府委员。据说,当新华社记者从毛泽东手上接过他宣读的公告原稿准备发电讯的时候,毛泽东特别叮嘱,不要把另贴在原稿上的委员名单漏掉了,这是张治中先生建议一定要包括在公告里的。

龚育之说,最初的公告稿上,没有这个56人的长名单,只说陈毅等56人为委员。这56人,大约一半是中国共产党的重要干部,另一半是党外的,有各民主党派代表人物和无党派民主人士,有少数民族代表人物和海外华侨领袖,有参与辛亥革命的老人,也有不久前刚起义的将领,充分体现了新中国新政府团结基础的广泛。从协商选举出这样的一个名单,到宣读时尊重党外人士的这样一个建议,充分展示了中国共产党人政治上的宽阔胸怀和工作上的谦虚风格。这个叮嘱名单的历史细节,是当事人、新华社记者李普在他的回忆文章中提供的。

(选自《光明日报》
2001年5月30日)

《共同纲领》诞生记 /孟红

1949年9月29日在新政府会议上通过的《中国人民政治协商会议共同纲领》，是一份具有国家宪法地位和作用的文件。它确定了中华人民共和国的国家性质和政权制度，规定了全国各族人民的各项民主自由权利，以及政治、经济、民族、文化教育、外交等基本政策。起草这份文件是筹备建国的一项极为重要的工作。《共同纲领》数易其稿后被提交新政协第一次大会讨论，毛泽东、周恩来亲自撰写、修改、加工和完善，倾注了大量的心血。1949年10月1日，刚刚当选为中华人民共和国中央人民政府主席的毛泽东发布公告，宣布中央人民政府"接受中国人民政治协商会议共同纲领为本政府的施政方针"。

七天"鏖战"，废寝忘食，周恩来亲自动手拟定《共同纲领》

1949年6月15日至19日，新政治协商会议筹备会第一次全体会议在北平中南海勤政殿举行。会议由中国共产党和民主党派、人民团体和无党派民主人士等23个单位与个人代表共134人组成。毛泽东主持会议并讲话。经过讨论，会议通过了《新政协筹备会组织条例》，选出毛泽东等21人组成新政协筹备会常务委员会，毛泽东为主

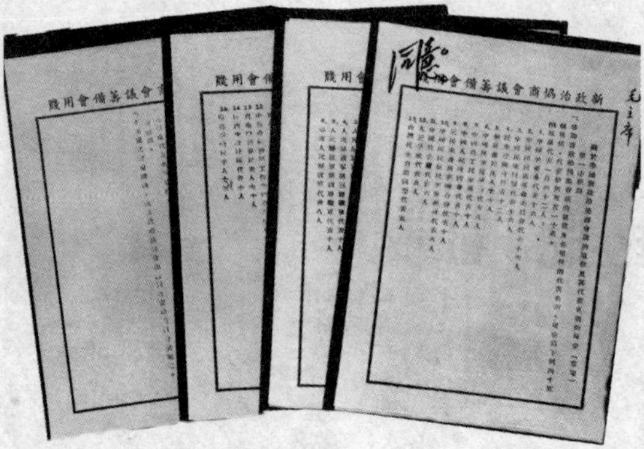

筹备会通过的关于参加中国人民政治协商会议的单位及其代表名额的规定

任，周恩来、李济深、沈钧儒、郭沫若、陈叔通为副主任。常委会下设6个小组，分别负责起草共同纲领、拟定政府方案和国旗国徽国歌方案等。

新政协筹备会起草共同纲领小组即第三小组名人荟萃，除由周恩来任组长外，另由北京大学教授许德珩任副组长，宦乡任秘书。组员的阵容十分庞大，有：陈劭先、章伯钧、章乃器、李达、许广平、季方、沈志远、许宝驹、陈此生、黄鼎臣、彭德怀（由罗瑞卿代理）、朱学范、张晔、李烛尘、侯外庐、邓初民、廖承志、邓颖超、谢邦定、周建人、杨静仁、费振东、罗隆基共23人。

6月18日，周恩来召集并主持了小组第一次会议，就起草共同纲领工作的重要性以及过去这项工作的开展情况作了说明，并具体研究起草共同纲领的有关问题。

大家随之展开了认真的讨论和协商。

鉴于共同纲领实际上是共产党的建国大纲，而且在此之前，中共中央也专门组织人员起草过类似文件，第三小组研究认为，共同纲领的初稿还是由中共中央组织人员起草为妥。

会议决定，第三小组成员分为政治法律、财政经济、国防外交、文化教育、其他共5个小组进行专门论证，并分别写出有关条文，以供起草者参考。会议还确定，参加新政协筹备会的各单位、各代表及第三小组各成员亦可提出自己的书面意见。

至7月上旬，各分组均拟就了具体条文。

筹备新政协期间，周恩来非常繁忙，既要与诸多的民主人士打交道，又要处理党内诸多事务。为了保证按时拿出《共同纲领》的草案，周恩来经请示毛泽东同意，暂时放下手头的许多事务，集中一段时间把自己“关”在勤政殿里，亲自执笔，写出《共同纲领》全文。经过一个星期夜以继日、废寝忘食的“鏖战”，他完成了起草工作。

1948年下半年，中共中央在起草纲领草案的同时，在香港的各民主党派也就纲领的有关问题展开讨论。围绕要不要以“新民主主义”作为建国指导原则问题，出现了多种意见。除大多数人赞成“新民主主义”外，还有人主张用“革命的三民主义”，有人主张用“人民民主主义”，也有人主张用不加“新”字的“民主主义”，还有个别人拟定了与中共讨价还价的“纲领”。思想非常活跃，意见差异很大。

为了推动各民主党派和无党派民主人士进一步统一思想，更加坚定地站到新民主主义立场上来，并解除他们之中某些人对共产党和人民革命的某些疑虑，中共中央做了大量工作。

1949年1月22日，中共中央发出《关于对待民主人士的指示》。这个指示明确：我党对待已经到达解放区的民主人士的方针，应该以彻底坦白与诚恳的态度，向他们解释政治及有关党的政策和一切问题，积极地教育与争取他们。对政策问题，均予以正面解答，不加回避。对政策实行的情况，亦据实相告。

在中共中央和毛泽东的直接关怀下，到达解放区的民主人士55人于1949年1月22日发表《我们对时局的意见》，表示完全赞成中共的革命立场，接受中共的领导。

抓紧时间精心修改，毛泽东对草案稿改动多达二百多处

毛泽东非常关心《共同纲领》起草工作，他多次审阅文稿，并且做了认真修改。

从9月3日至13日，毛泽东至少4次对草案稿进行了精心修改，改动总计达200多处。他不但修改草案，还亲自校对和督促印刷。

9月3日，毛泽东写了一张便条给秘书胡乔木："乔木：纲领共印30份，全部交我，希望今晚10点左右交来。题应是《共同纲领》。"

当晚10点，胡乔木把草案送到毛泽东办公室后，毛泽东立即动笔逐字、逐句、逐段修改，并在竖写的题目左侧亲笔加上"（一九四九年九月五日，初稿）"的字样。

9月5日晚，胡乔木将毛泽东修改后的稿本送去付印。没过多一会儿，毛泽东又派人给胡乔木送去一张便条，上面写道："乔木：今晚付印的纲领，请先送清样给我校对一次，然后付印。"毛泽东校对好后，又给胡乔木批示道："即刻付印，一小时内交我。"

9月6日，毛泽东把校对过的清样交下，并指示："照此改正，印成小册子1000本。"

9月7日晚，周恩来在北京饭店把《共同纲领》草案稿分送给各位新政协代表，组织他们进行分组讨论。从9月10日晚9点起，直到次日早晨7点，周恩来、胡乔木等在毛泽东处一起讨论《共同纲领》的修改，一口气讨论了10个小时。

此后，毛泽东在修改过9月11日草案稿后又批示："乔木：即刻印100份，于下午6时左右送交勤政殿齐燕铭同志，但不要拆版，俟起草小组修正后，再印。"

在为筹建新中国而制定《共同纲领》时，民族政策方面有一个突出问题，需要作出抉择：中华人民共和国是实行"民族自决"还是"民族自治"？在历史上，列宁和孙中山都提出过"民族自决"的口号，中国共产党以前也赞同过这个口号。当形势已经发生根本变化时，是继续旧政策还是采取适应新形

势的新政策？因为中国是一个多民族国家，正确处理民族问题极端重要。

毛泽东提出：要考虑到底是搞联邦制，还是搞统一共和国，实行少数民族地区自治。经过讨论研究和广泛征求意见，最后，毛泽东和中共中央决定实行民族区域自治而不实行联邦制。

随即，1949年9月7日，周恩来在《关于人民政协的几个问题》的报告中，就中共中央关于实行民族区域自治制度的构想，向政协代表征询意见。他说："关于国家制度方面，还有一个问题就是我们的国家是不是多民族联邦制。现在可以把起草时的想法提出来，请大家考虑。""任何民族都是有自决权的，这是毫无疑问的事。但是今天帝国主义者又想分裂我们的西藏、台湾甚至新疆。在这种情况下，我们希望各民族不要听帝国主义者的挑拨。为了这一点，我们国家的名称，叫中华人民共和国，而不叫联邦。""我们虽然不是联邦，但却主张民族区域自治，行使民族自治的权力。"随后，9月29日通过的《共同纲领》明确规定："各少数民族聚居的地区，应实行民族的区域自治，按照民族聚居的人口多少和区域大小，分别建立各种民族自治机关。"

1949年9月17日下午，新政协筹备会第二次会议在中南海勤政殿举行。周恩来主持会议，并代表筹备会常委会在大会上作了关于会议筹备工作的报告，同时宣布会议筹备工作胜利完成，正式大会即将召开。会议审议并通过了经各方反复讨论和毛泽东多次修改的《中国人民政治协商会议共同纲领草案》。

群策群力集思广益，促成《共同纲领》圆满形成

《共同纲领》的最后阶段修改，是同新政协筹备会及所有出席代表的讨论结合在一起进行的。从中共中央正式提出草案初稿，直到新政协全体会议的召开，共同纲领

草案先后经过了7次较大的讨论。这些讨论包括：由到达北平的全体政协代表分组讨论2次；纲领起草小组即筹备会第三工作小组讨论3次；筹备会常委会讨论2次。此外，新政协各参加单位也组织各自成员进行了认真讨论。

在讨论过程中，代表们字斟句酌，反复推敲，畅所欲言，真正做到了集思广益。

一位代表提出，既然我们将来的目标是实现社会主义，那就应该在纲领中把这一目标写出来，使全国人民了解未来社会的远景以及奋斗目标。另一位代表则持相反的意见。他提出，在今天的政协中提出社会主义问题还为时过早，共同纲领是新民主主义性质的，以不写社会主义为好。还有一位代表赞成共同纲领中不提社会主义，并补充说："新民主主义本身就预示着社会主义的方向。"这两种意见都被反映到毛泽东那里。

毛泽东立即与周恩来、刘少奇等中央领导碰头协商，取得了一致意见，即：不在纲领中写进社会主义。为什么以毛泽东为代表的中共中央不赞成在共同纲领中写进社会主义目标呢？主要有两个方面的考虑：第一，共同纲领是属于国家政权在现阶段的施政纲领，是从客观实际出发，为现阶段的需要而制定的，它不应当去描绘现阶段尚不能实现的理想。从当时的设想和计划看，新中国成立后，在相当一段时间内，中国人民面临的任务是建设新民主主义。如果在共同纲领中过早地写进社会主义目标，容易混淆现阶段的实际步骤与将来的理想。第二，新民主主义的共同纲领是在各民主党派、各人民团体和无党派民主人士对新民主主义取得共识的基础上制定的。如果要把共产党的第二步奋斗目标——社会主义写进国家的基本文件中，必须经过一个解释、宣传和实践的过程。只有全国人民通过实践，认识到社会主义是中国唯一最好的前途，才会真正承认它，并愿意为之奋斗。另一方面，当时在共同纲领中不写进社会主义目标，并不是否认它、放弃它，而是以更加郑重的实际的态度对待它。

此外，从共同纲领所列出的经济方面的内容看，如“公私兼顾”、“劳资两利”等政策，实际上已经完全可以保证新生的人民共和国向社会主义前途迈进。

一些代表在讨论时，对草案中未涉及“人身自由”提出意见。认为人身自由是最根本的自由，如果没有人身自由，其他自由都谈不到。因此，必须在各种自由权当中加上人身自由一项。

这条意见很有道理，为大家所赞成，所以在下一个印稿中即被采纳。

一些产业界代表从自己的企业要同资本主义国家做生意的实际情况出发，提出关于外交政策的条文中不必突出联合苏联的内容，应当视野更开阔一些，把更多的国家包容进来。这一意见虽然没有多少人响应，但却引起了有关单位的重视。

于是，纲领草案就保留了“首先联合苏联、各人民民主国家和各被压迫民族”的条文。

9月22日，周恩来在中国人民政治协商会议第一届全体会议上，就纲领草案形成经过向大会作了报告，并就纲领中不写入“社会主义”等问题向大会作了说明。

新政治协商会议筹备会第一次全体会议的会场

9月28日，政协各单位及纲领草案整理委员会分别举行会议，对纲领草案做最后一次讨论。至此，整理委员会又收到代表意见21件。经讨论，除对9月20日印稿中的不正规字体加以规范和增添一处标点外，全体一致同意保持原文送交大会主席团。

9月29日，政协全体会议一致通过《中国人民政治协商会议共同纲领》。《共同纲领》分序言和总纲、政权机构、军事制度、经济政策、文化教育政策、民族政策、外交政策七章，总计60条，7000多字。这是中国历史上第一个人民的建国大纲。这个《共同纲领》，是全国人民意志和利益的集中表现，是革命斗争经验的总结，也是中华人民共和国在相当长的时期内的施政准则和建设蓝图。

（选自《党史纵览》2009年第5期）

我在天安门城楼拍摄开国大典/侯波

1949年10月1日下午3时，中华人民共和国开国大典在天安门广场举行。为了能拍好这次大典，上级从《华北画报》、《东北画报》、北平电影制片厂照相科选派了多名政治可靠、技术过硬的记者和摄影师。但能够上天安门城楼的有陈正青、杨振亚和我。记得在广场上的有吴群、林杨、孟昭瑞等，总共有30名摄影记者在拍开国大典。那天，陈正青、杨振亚作为记者是要发稿的，而我当时是中南海摄影

“红墙摄影师”侯波

科科长，没有发稿任务，只要留资料。那天我丈夫徐肖冰也在天安门城楼上忙乎着拍新闻电影纪录片。

开国大典那天，上午不到10点我就先到天安门城楼上看地形，快到中午的时候，苏联专家带着彩色纪录片的拍摄设备也都纷纷就位。因为下午2点在中南海勤政殿，新当选的中央人民政府委员会宣布就职并举行第一次会议，我又急着赶回去拍照片。2点半多拍完中央人民政府委员会第一次会议，我再赶到天安门跟着参加政协会议的代表们一起登上城楼。等我上去一看，好位置都被他们拍纪录片的摄制组占了。那天有两个摄制组拍彩色纪录片，还有一个组是拍黑白纪录片的，加起来至少有好几十人。

大概下午2点50分，毛泽东主席等党和国家领导人乘车到了天安门城楼下，从天安门城楼左侧一步步走上来。当毛主席踏上最后一个台阶时，大喇叭里传来播音员丁一岚和齐越的声音：“毛主席来了！毛主席来了！”军乐奏响《东方红》……我赶紧把相机对准了毛主席，一边拍一边往后退，还要不断地调整焦距和光圈，生怕误了每一个重要的镜头，那可就犯下了大错误。当《东方红》第三遍奏完的时候，毛主席和其他领导人正好到达了天安门正当中的位置。国歌声中，毛主席亲自按动了电钮，升起了中华人民共和国第一面五星红旗。

那时我才25岁，从来没见过这么大的场面。毛主席等中央领导站的位置在天安门城楼的前廊上，那时候天安门城楼前廊的围栏不像后来那样修有齐胸高的汉白玉护栏，当时只是覆着琉璃瓦的矮墙。我们都是身子紧靠着城楼的矮墙拍照。有时为了能拍到领导人的正面，只好冒着危险把身子探出矮墙。而且按完快门后就得赶快蹲下来，以免挡住下面群众的视线。毛主席讲话的时间很短，根本来不及选择最佳位置就得按快门，可是即使这样，选取背景的程序也是不能省略的。只能把过程缩短，甚至缩短为一瞬间，这样捕捉到的背景才会是自然的，没有任何矫饰的。

毛主席宣布“中华人民共和国中央人民政府成立了”时，我觉得主席讲话的声音比平常有点变调，就是激动了。主席讲这些话的时候，大家都流着眼泪，我当时也感动得流了眼泪，大家心情都非常激动。我什么也顾不上了，只想把这一气势宏伟、鼓舞人心的场面给拍下来。在天安门城楼上的地方有限，再往前是不可能了，往后退再也没有地方，那时候我什么也不顾了，就在我上半个身子探到墙外面的那一瞬间，周恩来总理抓住了我的衣角，等回过身来见是周总理时，一股暖流涌上心头。总理一边拉着我的衣服一边说：“要小心，别掉下去。”

我从照相机的镜屏上看到，天安门广场上数十万双含着莫大幸福的眼睛和数十万双充满感激的手，朝着伟大领袖毛主席欢呼万岁的情景，看到毛主席不断地扬起双手向大家高呼：“同志们万岁！”“人民万岁！”心里异常激动，按下了一个个快门，抢拍了一个个历史性镜头。当我拍毛主席回应广场上人山人海的欢呼时，不顾一切地侧身向外抓拍毛主席精神焕发的笑容和激动的神情。在旁边的陈云同志和彭德怀同志都多次提醒我：“小心！小心！”

这张《开国大典》——毛泽东宣布共和国成立时的照片，毛主席的嘴是张着的，周围站着其他领导人，是我最得意的照片之一。不是因为照得好，而是因为它是一张非

1949年10月1日开国大典，毛泽东在宣读中华人民共和国中央人民政府公告

常特殊的照片，是新中国光辉历史的见证——不是谁想拍就能拍得到的，是历史给了我这样的机会，是党和人民给了我这样的机会。

要说这张照片从光线、构图和技术上来讲，我还不是特别满意。在拍摄的时候也有些遗憾，我用的是德国的禄莱120相机，只有标准镜头，没有广角，所以我想再多照一些人就照不下了。不仅照相器械很落后，胶卷也很紧缺，都是到香港用外汇买的。我每按一下快门以后，一边卷着片子一边还不时地看着里面还有几张。我那天带了8个阿克发胶卷，必须节约着用，拍一张是一张，因而那天拍的照片，几乎每一角度都只有一个底片。

我拍的这张《开国大典》最初被保存在中南海摄影科，后来又被送到新华社受到特别保护。20世纪80年代，经过特别批准，开始在多个国家巡回展出。记得1989年，在办展览时，不少群众都在这张巨幅照片下留影，说是可以感受到当年激动人心的气氛。

我当时在城楼上拍照时总蹲在围墙下，有人不理解。因为当天城楼上下是靠一条挂着一个篮子的绳子来联系的。下面有什么意见或有什么问题就拉那个绳子，篮子就提上来了。据说篮子里面不少是骂我们记者的纸条：写着“你们挡着我们看不着主席，你们快离开吧”等。还有直接在城楼下喊叫的。所以我们摄影的同志都是尽量蹲着，只有拍照的时候才站起来。

开国大典从下午3点一直持续到晚上9点多，毛主席一直在向欢呼的人群挥手致意，到晚间已有些支撑不住，就弯腰伏在围墙上。至于一直处于极度兴奋的我，在天安门城楼上根本不知道累，直到深夜回到家才感到浑身像散了架一样一点力气都没了。

（选自《中国人大》2009年第16期）

中华人民共和国国歌诞生记

/霞飞

当中华人民共和国国歌奏响的时候，每个中国人都会感到热血沸腾，情不自禁地从心底迸发出一种强烈的爱国激情。国歌以其激昂的旋律、动人的歌词，鼓舞着每个中国人为祖国富强而奋斗。国歌的产生也有着一段鲜为人知的故事。

新中国建立前夕即开始国歌征稿

1949年6月新政协筹备会在中南海举行。会议讨论了新中国开国大典上奏什么乐曲的问题。有人主张，开国大典上的乐曲应该铿锵有力，有节奏感，用德国的阅兵曲比较好。有人则主张，新中国将要加入社会主义阵营，也要与苏联建立友好关系，用苏联的曲子比较合适。还有一些人认为，新中国开国大典，还是用中国自己的乐

2009年国庆60周年前夕，国歌纪念广场与国歌展示馆在国歌诞生地上海落成。图为国歌纪念广场的主题雕塑

曲为好。持后一种观点的人占大多数。由于出现意见分歧，政协会议筹备委员会只好将这个问题提交毛泽东、周恩来等中共中央领导人。

当毛泽东、周恩来等商议此事时，毛泽东十分干脆地说：我们自己的开国庆典，当然要用自己的曲子，奏新中国的国歌。那么，用中国哪一首乐曲作为国歌呢？毛泽东提议，面向全国征求国歌词曲。

政协筹备委员会成立的第六小组，承担了向全国征集国旗、国徽、国歌的任务。第六小组由马叙伦任组长，叶剑英、沈雁冰任副组长。为了更好地完成征集国歌的任务，第六小组还设立了“国歌初选委员会”。政协筹备会结束后，第六小组即着手征集国歌的工作。7月4日，叶剑英在中南海勤政殿第一会议室主持召开了第六小组第一次会议，推选郭沫若、田汉、茅盾、钱三强、欧阳予倩5人组成国歌词谱初选委员会，郭沫若为召集人。从7月15日到26日，由郭沫若等人起草的《征求国旗国徽图案及国歌词谱启事》经毛泽东、周恩来修改审批后，分送《人民日报》、《天津日报》、《光明日报》等各大报纸连续刊登8天。国内其他各报、香港及海外华侨报纸也纷纷转载。

启事对国歌词曲稿提出了如下要求：（甲）歌辞应注意：（1）中国特征；（2）政权特征；（3）新民主主义；（4）新中国之远景；（5）限用语体，不宜过长；（乙）歌谱于歌辞选定后再行征求，但应征国歌歌辞者亦可同时附以乐谱(须用五线谱)。

考虑到征集国歌不同于其他工作，需要有精通音乐的专业人士参加评选，8月5日，第六小组举行第二次会议，决定聘请马思聪、贺绿汀、吕骥、姚锦新4位音乐专业人士为国歌词谱初选委员会顾问。

征稿启事发出后，许多作家、音乐工作者都投入到国歌创作中去。不久，筹备委员会就收到了一些应征稿件。投稿者来工、农、商、学、兵各阶层，不少学者、艺术家和高级干部也纷纷参与征稿。来稿地域包括老解放区、新解放区和尚待解放的地区，海外华侨也纷纷来稿。来稿数量，以北平、天津、上海、沈阳、哈尔滨、长春居多。当时享誉海内外的著名学者郭沫若先生也写了一首应征国歌歌词题为《新华颂》。截至8月20日共收到国歌歌词632件国歌词谱694首。

为此，第六小组专门在北京饭店的413号房间设置了选阅室，分类陈列各地寄来的应征国歌稿件。小组成员和专家差不多天天来进行审阅和评选。但是，国歌作词作曲毕竟不同于国旗、国徽图案的征集，因为能够作词谱曲的人在当时的中国还是少数。筹备会收到有关国歌的应征稿都还不成熟，无论词还是曲都与国歌的地位相差较大。筹备委员会第六组经过商议，决定再征集一次。

这次主要在文学和音乐界征集，并把此次来稿中第六小组认为稍好一些的制曲试唱，向群众征求意见。这样做了之后，无论是第六小组成员、顾问，还是听了试唱的群众，都不满意。对于郭沫若的应征稿，大家虽然认为好，但觉得离国歌歌词的要求还有差距，也没有入选。

后来，郭沫若的歌词，发表在1949年《人民日报》上。

用旧国歌的意见被否定

国歌迟迟定不下来，大家都很着急。这时，有些民主人士建议能否在旧国歌中选曲，改上新词作为国歌。他们还举出《巩金瓯》、《五旗共和歌》、《中华民国国歌》为例。对于《巩金瓯》、《五旗共和歌》，绝大多数人不同意，很快就否定了。不少人赞成用《中华民国国歌》为国歌，认为这是孙中山作的词，又在历史上起了重要作用。但多数代表不同意，他们提出，尽管这是孙中山作词，但蒋介石统治下的国民党政府毕竟已经在人民中失去了信誉，新中国用《中华民国国歌》为国歌不合适。绝大多数代表的意见已经十分明确，就是旧国歌不能再用了。

这时，又有人提出是否把《国际歌》直接拿来作为国歌，理由是，1931年中华苏维埃共和国成立时曾决定以《国际歌》为国歌。但许多人不同意，他们认为，《国际歌》虽然好，但直接拿来作为国歌就没有中国的特点了。总之在选国歌问题上，代表们动了许多脑筋，把能想到的适宜作为"国歌"的词或谱都想到了。每个人提的建议都有自己的道理，但也都有不同意见，一时难以形成统一的意见。

许多人建议用《义勇军进行曲》为代国歌

就在向全国征集国歌词曲时，周恩来认为，可以用《义勇军进行曲》作为国歌。1949年7月初，周恩来在审批"征集条例启事"时就说：我个人的意见最好就用《义勇军进行曲》为国歌，不过，这只是我个人意见，你们大家可以讨论，再征求一下群众的意见。

著名画家徐悲鸿的想法与周恩来不谋而合。他在国歌征集工作一开始，就为国歌的事而日思夜想。他是画家，本来对于音乐方面的事不太懂，但他以对共产党的无比热爱和对新中国的无比期待之情投入到国歌征选工作中去。他对应征国歌进行了对比、权衡。在苦想中，他猛然想到了抗日战争中广为传唱、对人民群众起到了巨大鼓舞作用的《义勇军进行曲》。这首歌曲激昂的旋律，不是对中国人民有激励作用吗？如果现在一时难以

聂耳和田汉在上海的合影

作出新国歌的词曲，不妨用这首歌曲为代国歌。想定之后，他直接向毛泽东提出建议：可否以《义勇军进行曲》代为国歌？

与此同时，有许多人也在征稿中提议用《义勇军进行曲》作为国歌。

《义勇军进行曲》原是上海电通公司拍摄的故事影片《风云儿女》主题歌。影片描写了20世纪30年代初期，以诗人辛白华为代表的中国知识分子，为拯救祖国，投笔从戎，奔赴东北抗日前线，参加义勇军英勇杀敌的故事。这首歌由田汉作词，聂耳作曲。《风云儿女》放映后，《义勇军进行曲》在中国人中广为传唱，鼓舞着中国人民坚持抗战。

关于用《义勇军进行曲》作为国歌或者代国歌的意见一提出，就引起了中共中央高层和民主党派领导人的重视，自然也引起了政协筹备委员会第六小组的重视。

毛泽东说：还是保持原有歌词好

为了更快、更好地确定国旗和国歌，1949年9月22日，政协第一届全体会议决定，成立由各界人士共55人组成的第一届政协的国旗、国徽、国歌、首都、纪年审查委员会，继续研究、决定上述事宜。马叙伦为会议召集人。

这时，国旗方案已经有了基本意向，国徽方案虽然没有定下来，但毛泽东同意可以在开国大典上暂时不用国徽，稍晚再决定国徽方案。而国歌则是必须在开国大典上奏响的，所以大家都为此事着急。

1949年9月23日，新政协的全体代表分成11个小组讨论国旗、国徽、国歌等方案。各个小组讨论得都非常认真、热烈。但是，由于国歌词曲来稿不成熟，大家意见也不统一，迟迟定不下来。

离预定举行开国大典的时间已经很近了。在这种情况下，毛泽东、周恩来决定亲自出面，于9月25日晚在中南海丰泽园宴请中共中央主要领导人、各民主党派及文化界人士，商议国旗和国歌问题。事先，工作人员拟出了出席晚宴者名单，交毛泽东审定。毛泽东为了更广泛征求民主党派和民主人士的意见，特意从名单中删去了几位共产党员，增加了一些党外与文化界人士。

晚宴后，中共中央一些主要领导人，以及郭沫若、沈雁冰、黄炎培、陈嘉庚、张奚若、马叙伦、田汉、李立三、洪深、艾青、马寅初、柯仲平、梁思成、徐悲鸿、马思聪、吕骥、贺绿汀等人齐聚丰泽园会议室，协商国旗、国歌等问题。

会上，用《义勇军进行曲》作为代国歌的意见已经比较统一，存在的分歧点在于原歌词是否要修改。这时，《义勇军进行曲》歌词作者田汉发言了，他说：原曲是好的。我写的歌词在过去有它的历史意义，但现在应该让位给新的歌词。田汉是原词作者，他的发言影响自然较大。

这时，大家都把目光投到毛泽东、周恩来身上，想听听他们的意见。周恩来发言说：要嘛就用旧的歌词，这样才能鼓动情感。修改了唱起来就不会有那种感情了。周恩来还说：许多代表都表示，国歌代表了一个国家的民族气质和精神面貌，《义勇军进行曲》创作于中华民族危难关头，正是表现了中华民族勇往直前、不屈不挠的战斗精神。毛泽东紧接着周恩来发言，明确表示赞同不改歌词。他说，安不忘危，我国人民经过艰苦斗争虽然全国快解放了，但还是受帝国主义的包围，不能忘记帝国主义对我国的压迫。我们要争取中国完全独立、解放，还要进行艰苦卓绝的斗争，所以还是保持原有歌词好。大家认为以《义勇军进行曲》做国歌最好，意见比较一致，我看就这样定下来吧！

毛泽东的话音刚落，与会者热烈鼓掌表示赞同。关于《义勇军进行曲》作为国歌的事情就算大致定下来了。

确定《义勇军进行曲》为国歌

9月27日，中国人民政治协商会议第一届全体代表通过《关于中华人民共和国国都、纪年、国歌、国旗的决议》，分别是：中华人民共和国的国都定于北平，自即日起改名北平为北京；中华人民共和国的纪年采用公元，今年为1949年；在中华人民共和国的国歌未正式制定前，以《义勇军进行曲》为国歌；中华人民共和国的国旗为五星红旗。

确定《义勇军进行曲》为代国歌，是因为这首歌曲最能反映中国人民反抗帝国主义侵略压迫的爱国主义激情，也最能体现中国人民奋发图强的精神。同时，在中国仍然面临侵略威胁时，它能反映居安思危的思想。

……

《义勇军进行曲》在开国大典上奏响

1949年10月1日，中华人民共和国开国大典在天安门广场举行。开国大典，自然要奏《义勇军进行曲》。为此，担任奏国歌的军乐队做好了充分准备。

这个军乐队，是以华北军区军乐队为主组成的，共有500人。当年，找到500名乐手很不容易。因此，这支乐队里，年龄最大的有70多岁，年龄小的只有15岁。主要乐器为大军鼓、小军鼓、短笛、长笛、黑管、木管、大号、小号、长号、短号等。军乐队都身着新军装，脚穿最时髦的翻毛皮鞋，手执闪亮的军鼓、铜管或木管乐器，列队于天安门城楼前。由于军乐队人数多，特意配了5名指挥——1名正指挥，4名副指挥。

下午2时55分，毛泽东率中共中央领导人和各民主党派领导人、民主人士代表登上天安门城楼。当毛泽东等登上天安门西城台时，军乐队奏《东方红》乐曲。

当毛泽东以洪亮的声音宣布"中华人民共和国中央人民政府已于本日成立了"后，中华人民共和国国旗——五星红旗在天安门广场冉冉升起。这时，军乐队奏响了国歌《义勇军进行曲》。天安门广场上数十万群众一起和着激昂的军乐，高唱着这首歌曲。歌声响彻云霄，有一种排山倒海的气势，体现了已经站起来的中国人民空前的民族自豪感和奋斗拼搏精神。

按照议程，在开国大典的仪式上，进行到欢迎中央人民政府主席、副主席就位时升国旗、鸣礼炮，主席宣读文告后，均奏国歌。

因此，军乐队在天安门广场又多次演奏了《义勇军进行曲》。这是新中国国歌第一次向世人展示。

为了使中国人民更好地了解国歌，1949年11月15日，《人民日报》在刊登的关于国旗、国歌和年号的"新华社信箱"中，作了这样的解释：《义勇军进行曲》是十余年来在中国广大人民的革命斗争中最流行的歌曲，已经具有历史意义。采用《义勇军进行曲》为中华人民共和国现时的国歌而不加修改，是为了唤起人民回想祖国创造过程中的艰难忧患，鼓舞人民发扬反抗帝国主义侵略的爱国热情，把革命进行到底。这与苏联人民曾长期以《国际歌》为国歌，法国人民今天仍以《马赛曲》为国歌的作用是一样的。

（选自《党史文苑》
2009年第8期）

保卫开国大典 /慕丰韵

1949年8月，为了协同有关部门共同做好第一届中国人民政治协商会议和开国大典的安全保卫工作，北平市公安局成立了便衣警卫大队，调我和闵步瀛同志前去负责组建。

便衣警卫大队部设在北长街一处没收的国民党官员的住宅里，位于故宫护城河畔。大队由三部分力量组成：北平纠察总队抽调一个连队，担负路线便衣警卫；华北军区情报处所属部分侦察员，担负党和国家领导人住地、活动场所附近的定点秘密警卫；从应届毕业的中学生中选调40名女青年，参加会议服务工作，履行警卫任务。大队设内勤、外勤两个组，共有干部400余人。闵步瀛同志任大队长，我任政委。大队后更名为市公安局警卫科，我任科长，李宁同志任副科长。警卫科迁到王府井西堂子办公。

这时，距中国人民政治协商会议第一次全国委员会的召开和开国大典只有一个多月的时间，我觉得时间紧迫，任务繁重，压力很大。我同李宁同志经过认真的商量后，决定尽快熟悉人员状况。三支警卫力量，是从各个方面选调来的，他们不熟悉我们，我们也不熟悉他们。领导干部如不了解自己的警卫力量，就把他们派到接近党和国家领导人的岗位上去执行警卫任务，那时十分危险的。其次，尽快了解警卫工作的环境，并对周围的情况了解清楚后，逐一绘图、标记、建档。

通过多种细致的工作，我们把全队党员、干部充分发动起来了，积极性充分调动起来了，大家一心一意扑在工作上。警卫一队的同志们负责党和国家领导人住地、活动场所和主要路线的秘密定点警卫。他们都是参加党多年的好干部，党需要他们脱掉军装，脱掉干部服，化装成蹬三轮车的，修鞋的，收破烂的，摆小摊的去执行警卫任务，没有一个人说“不”字。他们不熟悉掩护的职业，就在实践中观察学习，真正做到了装什么像什么，卖什么喊什么。不论刮风下雨，还是烈日炎炎，都坚守在岗位上，一丝不苟地履行自己的职责。

每次警卫任务，都是由中南海警卫处通过专线电话下达。我们接到下达任务后，按照要求立即布置好。李宁同志下到各队掌握情况，我在办公室坐镇指挥，任务结束后，将情况上报市公安局和中南海警卫处。

1949年9月22日，中国人民渴望已久的中国人民政治协商会议第一次会议，在中南海怀仁堂隆重开幕。头几天在汪东兴同志主持下，在中南海召开了有关部门的会议，对政协会议和开国大典的警卫工作做了全面的部署。对空监视和军事警戒由华北军区负责；城区的社会治安由市公安局和公安总队负责；在中南海外面的会议、首长住地、路线秘密警卫由我们便衣警卫大队负责；为便于协调各方面的工作，汪东兴同志负责总的指挥。

9月30日，开国大典的前夕，警卫工作做了一次全面检查和演练。从天安门城楼到新搭起来的观礼台都用扫雷器搜索了一遍，排除危险性后，将这些地方由警卫人员封锁起来，确保安全。

1949年10月1日，中央人民政府在天安门广场隆重举行中华人民共和国开国大典。我们便衣警卫大队的任务是保证观礼台上的人员和群众队伍的安全。我们把警卫力量用服务员和工作人员的形式，散布在观礼台上和群众中，我的指挥岗位设在天安门下面的金水桥畔。

30万人的群众游行队伍和接受检阅的中国人民解放军陆、海、空部队，刚过中午12点，就整齐地集合在天安门前和东西长安街上。密林般的红旗迎风招展，“中华人民共和国万岁”、“全世界人民大团结万岁”的巨幅标语，高大的毛主席画像，高悬在天安门红墙上。天安门广场人山人海，从天安门城楼望去，广场上无数面翻滚的红旗和标语汇成一片红色的海洋。红旗下面，穿着各种颜色服装的队伍五彩缤纷。人们都在以激动、喜悦、迫切的心情等待着伟大的神圣时刻的到来。

下午3时许，毛泽东、朱德、刘少奇、周恩来、张澜、李济深、宋庆龄等领导同志出现在天安门城楼上。新华广播电台的电播音员丁一岚立即在实况播音话筒前播道：“亲爱的同志们、朋友们，毛泽东主席登上了天安门城楼！”男播音员齐越紧接着播道：“中央人民政府的全部委员登上了天安门城楼！”顿时，天安门广场上的人群沸腾起来，欢呼声经久不息。

中央人民政府秘书长林伯渠宣布中华人民共和国成立大典正式开始。毛泽东主席走到麦克风前，用他那带着浓重的湖南口音的普通话庄严宣布：“中华人民共和国中央人民政府已于本日成立了！”军队立即奏起了国歌——《义勇军进行曲》，雄壮激昂的乐典，在天安门上空回荡着。国歌声中，毛泽东主席亲自按动电钮，升起了中华人民共和国第一面五星红旗。

当广场上30万人肃立致敬，注视着五星红旗冉冉升起的时刻，54尊山炮齐放了28响。54尊山炮代表当时已知的我国54个民族，28响标志着中国共产党成立28年领导人民英勇奋斗的历史。

中華人民共和國中央人民政府公告

中華人民共和國中央人民政府主席 毛澤東

《中华人民共和国中央人民政府公告》

升旗和礼炮响过之后，毛泽东主席宣读了中华人民共和国中央人民政府公告。随后，林伯渠宣布阅兵式开始。

在聂荣臻总指挥的同车陪同下，朱德总司令车出三座门，沿着东长安街、东单广场，直到东交民巷，按顺序检阅了肃立受阅的中国人民解放军陆、海、空三军部队。

中央军委公安部的同志们也着装整齐，列队排在天安门广场，同首都30万军民共庆这一盛大的光辉节日。

罗瑞卿部长始终站在毛主席的身后，不禁使人联想到保卫国家保卫党保卫人民保卫建设的重任，不仅要靠人民解放军，同时也落在人民公安战士的肩上。

晚间，天安门广场灯火辉煌，灯笼火把在东西长安大街上聚起一片火光烛浪。那时，还没有礼花可放，弄了些烟花筒令部队燃放，红的、绿的、白的火球划破夜空，直冲云霄。东西长安街被观看提灯会的人们挤得水泄不通。

提灯会结束，会场中心的群众自发地伴随着长安街上的高音喇叭播放地革命歌曲跳舞、唱歌，跳呀！唱呀！一直到第二天早晨3点钟，才陆续散去。我们的警卫力量撤回到住地，太阳已从东方升起，红霞布满天空。

这一天，平安无事。我们便衣警卫大队和其他同志们一起圆满地完成了中国人民政治协商会议和中华人民共和国开国大典的安全保卫工作任务。

（选自《人民公安》1999年第21期）

国旗诞生的100天 /刘守华

1949年9月，在政协第一届全体会议上，委员们对国旗图案应征作品投票表决时，票数最多的并不是“五星红旗”。是哪一次会议，又是谁的提议，让淹没在上千件应征作品之中的五星红旗异军突起，脱颖而出？历史档案披露了五星红旗成为国旗的100天里所发生的诸多细节。

群贤毕至：制定征集条例

1949年6月16日晚8时，夜幕已经降临，中南海勤政殿里群贤毕至，灯火通明，周恩来正在主持召开新政协筹备会常委会第一次会议。时间紧、任务重，必须把要办的事理清、分解，才能一一落实。于是，这次会议决定分设六个小组，各守其位，各司其职。其中第六组担负拟定国旗、国徽、国歌方案的重任。

第六小组组长是博才多学的马叙伦，副组长是北平军管会主任叶剑英。不久，因叶剑英工作忙，又增加了沈雁冰（即茅盾）任副组长，主持日常工作。第六组成员有张奚若、田汉、马寅初、郑振铎、郭沫若、翦伯赞、钱三强、蔡畅、李立三、张澜（刘王立明代）、陈嘉庚、欧阳予倩、廖承志。秘书是彭光涵。

7月4日是个星期一，其实对于

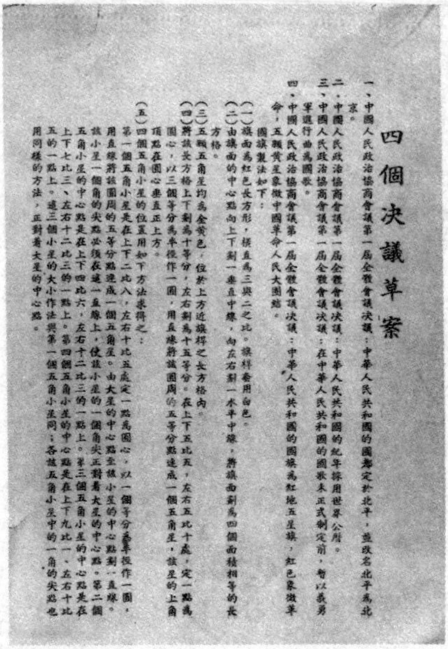

四個決議草案

一、中國人民政治協商會議第一屆全體會議決議：中華人民共和國的國都定於北平，並改名北平為北京。

二、中國人民政治協商會議第一屆全體會議決議：中華人民共和國的紀年採用世界公曆。

三、中國人民政治協商會議第一屆全體會議決議：在中華人民共和國的國歌未正式制定前，暫以義勇軍進行曲為國歌。

四、中國人民政治協商會議第一屆全體會議決議：中華人民共和國的國旗為紅地五星旗，紅色象徵革命，五顆黃星象徵中國革命人民大團結。

國旗製法如下：

(一)旗面為紅色長方形，橫直為三與二之比。旗桿套用白色。

(二)由旗面的中心點向上下劃一垂直中線，向左右劃一水平中線，將旗面劃為四個面積相等的長方格。

(三)五顆五角星均為金黃色，位於上方近旗桿之長方格內。

(四)將該長方格上下劃為十等分，左右劃為十五等分。在上下五比五，左右五比十處，定一點為圓心，以三個等分為半徑作一圓，用直線將該圓周的五等分點連成一個五角星，該星的上角頂點在圓心垂直正上方。

(五)四個五角小星的位置用如下方法求得之：

第一個五角小星是在上下二比八，左右十比五處定一點為圓心，以一個等分為半徑作一圓，用直線將該圓周的五等分點連成一個五角星。由大星的中心點至該小星的中心點劃一直線，該小星一個角的尖點必須在這一直線上，使該小星的一個角尖正對着大星的中心點。第二個五角小星的中心點是在上下四比六，左右十二比三的一點上。第三個五角小星的中心點是在上下七比三、左右十二比三的一點上。第四個五角小星的中心點是在上下九比一、左右十比五的一點上。這三個小星的大小作法與第一個五角小星同；各該五角小星中的一角的尖點也用同樣的方法，正對着大星的中心點。

提交政协第一届全体会议讨论的关于国都、纪年、国歌、国旗的决议草案

大部分筹备会成员来讲，工作日和休息日的概念早已模糊。下午3点，在勤政殿第一会议室，叶剑英主持召开了第六小组第一次会议。

以何种方式为新生的共和国确定标志，叶剑英提议，是不是可以用筹备会的名义，公开向全国人民征求意见。要在广泛征集的基础上产生国家标志，首先就要拟订出国旗、国徽、国歌的征集条例，并成立评选委员会，这也是第一次会议的中心议题。讨论结果，小组成员一分为二，8人为国旗、国徽图案初选委员会成员，包括翦伯赞、蔡畅、李立三、叶剑英、田汉、郑振铎、廖承志、张奚若。5人为国歌词谱初选委员会成员，有田汉、沈雁冰、钱三强、欧阳予倩、郭沫若。此外，两个小组还要分别再邀请学识渊博的专家为委员。征集条例草案由郭沫若、沈雁冰和郑振铎起草，并推举郭沫若向常委会报告，解释国旗形式、奖励等问题。这次会议达成一个共识，国旗长阔应三与二之比。

7月9日，《征求国旗国徽图案及国歌词谱启事（草案）》送到周恩来的案前。启事中明确了征集要求，其中对国旗作出如下规定："国旗，应注意：（甲）中国特征（如地理、民族、历史、文化等）；（乙）政权特征（工人阶级领导的以工农联盟为基础的人民民主专政）；（丙）形式为长方形，长阔三与二之比，以庄严简洁为主；（丁）色彩以红色为主，可用其他配色。"启事中还

明确"应征国旗国徽图案者须附详细之文字说明。截止日期：八月二十日。收件地点：北平本会。"

周恩来认真审阅了启事，作出批示："照此印送各常委，征求同意。"工作人员火速印制200份。第二天，秘书处便将附带意见回函的启事分送毛泽东、朱德、李济深、张澜、林伯渠、沈钧儒、蔡廷锴等人征求意见。反馈结果，一致"完全同意"。

为争取时间，新政协筹备会随即决定，在北平、天津、沈阳、哈尔滨、大连、上海、汉口、济南、青岛、开封、西安、南京、香港13个城市的报纸显要位置刊登启事，第一次连续登七天，第二次隔一天登一次。所需费用新华社汇总后，由筹备会支付。新华社通稿要与启事（草案）一并归档。

7月16日《人民日报》把征集启事排在显要的左侧报眼处，虽然只有豆腐块大小，但这却是关系到新中国未来的标志，寄托了国人对新生共和国的期望。一石激起千层浪，消息迅速向全国甚至海外传开。接着，一幅幅精心设计的国旗图案，像雪片似的从祖国的大江南北，甚至从美洲、印尼、马来西亚……飞向北平。

8月5日下午，位于王府井的北京饭店六楼大厅，第六小组第二次会议举行。翦伯赞、沈雁冰、郑振铎、马叙伦、张奚若、郭沫若、钱三强、田汉、欧阳予倩等准时落座。会议主席马叙伦首先向大家报告好消息：截至8月2日，短短半个月，就收到各方寄来的国旗、国徽、国歌、歌词612件，其中国旗图案有459件。从投稿地点看，全国已解放的地区都有来稿，投稿者包括工、农、学、商、教员等各阶层。从内容看，以星、斧、镰各种画法所组成的图案最多，达177件；其次是以齿轮、嘉禾组成的图案有59件；以各种色彩和线条组成的图案有58件；以中国地图组成的图案有42件；以工、人、众、中、民等字组成的图案有42件，此外还有其他图案。可能是时间紧的缘故，来稿大多是意见式的略图，除个别外，都没有精细的图案。

根据马叙伦的建议，秘书处对应征稿件造表、登记，并为每一件作品编号。其中，1305号应征作品的设计者为曾联松。

意见统一：17幅作品脱颖而出

8月22日上午，北京饭店413室里摆满了各色各样的应征作品。国旗、国徽初选委员会第一次会议在这里召开。到会者除第六小组的翦伯赞、郑振铎、马叙伦、沈雁冰、张奚若、罗叔章（代蔡畅）之外，三位专家徐悲鸿、梁思成、艾青也悉数到场，画家吴作人列席。大家一边翻看作品，一边为应征者的认真和严肃感慨。梁思成说："等选定后，要给全部作品开一个展览会。"郑振铎补充道："展览时还要做出说明，第一次选了多少，第二次选了多少。"

从数千件应征作品中筛选出候选者并不是一件容易的事，选择标准当然首先要紧扣征求条例中所确定的说明。张奚若边翻看边说："征求条例规定要表明政权特征，我们的政权特征是工农联盟，而工农不能画两个人来表示，只得用斧头和镰刀，所以斧头和镰刀的图案比较多；而地理特征又自然想起中国的江河来了。"郑振铎正好翻到一幅两颗星图案的作品，问大家是否要拿出来供参考，被罗叔章和马叙伦否定了。最终，大家有统一趋向意见的作品共计17幅。

相隔两天，8月24日，第六小组第三次全体会议在北京饭店六楼大厅召开。主席马叙伦首先向大家通报：经过初选，国旗已挑选出几个够标准的提交今天大会，请大家传阅。为了便于比较审看，翦伯赞建议把挑选出来的作品都摆在地上。面对各种各样的图案，大家你一言我一语地评判着。

虽然大家对国旗图案的意见各执一词，但最终少数服从多数，还是形成了决议：一是国旗图案中凡是左上方留四分之一的形式，因与美国国旗和国民党的国旗比较相似，一律不采用。二是为避免与苏联国旗雷同，不采用斧头和镰刀的形式。三是大家趋于一致的意见认为，“初选第11号”作品比较好。红白两色分配适当，制作容易，红星在角上旗不飘开也能看见，而且样式与其他国家国旗没有雷同之处，配色美观，在象征意义上也符合征求条例：白色象征光明，红色象征革命和政权，红星代表共产党的领导。四是为慎重起见，把复选出来的17件作品也都拿出来，提请常委会审核。五是考虑到国旗是从全国各阶层各方面征集来的，代表了人们的心声，在正式协商会议闭幕后要开展览会，以资奖励。

热烈讨论：“初选第17号”暂列第一

8月26日下午，毛泽东、朱德、周恩来、林伯渠、章伯钧、谭平山、李济深等先后来到中南海勤政殿会议室，参加新政协筹备会常委会第四次会议。落座后，大家几乎没有寒暄和客套，会议主席周恩来面带微笑说：“很久没有开会了，从现在起要忙起来了，各代表陆续都要到了……今天讨论及报告的事项有两项，第一项，关于各方面请求参加新政协的处理意见；第二项，各小组汇报工作情况。”马叙伦代表第六小组汇报了工作，并把大家意见趋于一致的“初选第11号”作品，提交会议讨论。周恩来赞许地点点头：“第六小组马老的成绩很大，国旗收了一千多件。”

新政协筹备会常务委员陈嘉庚当时还未到北平，但第六小组对国旗的讨论意见已经传递给他。对“初选第11号”，他并不持肯定态度，理由有三：一是该形式与印尼国旗相似，只是印尼国旗没有星；二是旗子上半部分白色，在太阳底下看不见；三是旗子没有表示工农联盟之意。他建议，国旗最好用中国式的斧头、镰刀和星的图案，而且红旗绝不能配其他白、黄等色条，这种色条容易使人误解为革命

作为国旗的五星红旗是中华人民共和国的象征和标志。在不同场合，挥舞着五星红旗的炎黄子孙已经成为一道独特的风景线

不彻底。况且在征求启事中已经明确要有表示工农联盟的意义，而现在却一律不采用有斧头、镰刀或其他表示工农联盟的图案，有悖民意。

进入9月中旬，距开国大典只有半个月时间了，国旗、国歌等还是没有最终决定，第六小组必须紧锣密鼓加快进度。9月14日上午9时，在北京饭店东餐厅，第六小组召开了第四次全体会议。

大家落座后，会议主席马寅初发言：第三次会议选出的图案送毛主席和中共中央看了，"初选第11号"作品因颜色不好，白色在太阳光下看不见，所以不采用了。大家觉得"初选第17号"作品不错，可是后来又发现中间的一条黄线把革命的阶段截开了，遂又请艾青将黄线改了一下。"初选第17号"作品中的星是代表共产党的领导，也可以代表政权，完全符合征求条例要求，黄线代表黄色人种，也可以代表黄河。现在时间已经很紧了，国歌在正式大会召开前赶不出来也可以晚点。但国旗必须在正式大会上提出来讨论通过，并且还要提交常委会修改，常委会本月17日要开会，所以，今天在小组会上必须作出决定。再就是由小组决定后，要印成小册子，发给全体政协代表，分组商讨，并由第六小组组员担当各小组召集人。毛主席也觉得这样做比较好。另外，还要把我们选出的图案在新闻发布会上公布，让全国人民知道我们的国旗有这样一个图案。再就是要把征集来的图案，选出比较好的以备展览。

沈雁冰接着说：国旗图案"初选第17号"可以在小组中算最后决定，选出比较好的印成小册子，数目在二三十个，一百个更好。每一位政协代表送一本，并注明我们小组的意见。再就是选出七八个图案制成样子，放在会场的休息室中供代表们参观，提意见。关于展览，我们可以发动普遍性的一次运动，展览可在中山公园举行，广大人民都可以看到。

李立三随即也表示同意17号作品，且补充强调：国旗样式做成实际样式比较好一点。

马寅初最后说：我们小组最后选定"初选第17号"修改案。郑振铎接了一句："初选第11号"可以作为第二选。马寅初提议请大家表决，两个图案哪个作为一选，哪个作为二选。表决结果，同意17号为一选的7票，同意11号为一选的4票。会议还决定，国旗图案的比例由艾青修改，并在筹备会上提出。同时决定，将全体代表分成12个小组，每组55人，由第六小组组员负责召集。并以田汉、郑振铎、艾青、徐悲鸿、贺绿汀5人负责整理图案，以备展览。沈雁冰提出，把陈嘉庚设计的图案也印出来。马寅初说：做11个样式出来，并排列次序。艾青修改的17号作品要排在第一。会议还推举艾青、徐悲鸿、贺绿汀设计国旗线条的比例。制作14个国旗图案放在大会休息室。国旗决定后，要把所有应征稿件在中山公园陈列，以供展览。

一锤定音："复字第32号"胜出

9月21日，由600多位代表参加的政协第一届全体会议召开，毛泽东致开幕词。第二天，第六小组便在北京饭店东餐厅紧急召开由小组组员及顾问参加的全体会议，专题讨论国都、纪元和国旗问题。这次会议到会者比较全，除担任北平市军管会主任的叶剑英因事务缠身缺席外，其他人员全部到会。会议其中一项决议：国旗拟采用"复字第3号"或"第4号",也就是"初选第11号"的修改图案,因为这个图案构图庄严,简洁美观,而且含义基本上合乎征求条件。

为什么此时确定的国旗图案由原来的"初字第17号",又改回"初字第11号"呢?事出有因,后面还会提到。

此时,筹备会已将《国旗图案参考资料》编印成册,共计38件预选作品,并以"复字第××号"排列。其中,"复字第1号"、"第2号"为原"初选第17号"的修改图案;"复字第3号"、"第4号"为原"初选第11号"的修改图案。入选图册的作品,设计者大多是赫赫有名的政治家和艺术家,朱德、郭沫若、艾青、吴玉章、张仃、钟灵、莫宗江等都有作品。相比之下,"复字第32号"图案的设计者曾联松,则显得名不见经传。

政协第一届全体会议召开的第二天,政协委员们便接到秘书处通知:讨论国旗、国都、纪年的分组讨论会,将于9月23日分别在中南海勤政殿和怀仁堂、北京饭店、六国饭店的各会议室里举行。全体政协委员被分为11个组。讨论结果,大家意见比较集中,赞同"复字第3号"的有185人;其次为"复字第4号",有129人。主张采用"复字第32号"的仅有胡厥文、李烛尘、雷荣珂等15人。李烛尘提出,应将四小星斜对大星一角,即将上面第一颗小星移至大星之下。《人民日报》9月24日专门报道了全体代表分组讨论国旗及国徽图样的消息,向全国人民作了汇报。

此时,出现了一个小插曲。9月23日,毛泽东在中南海宴请参加新政协会议的委员时,张治中找到他,直截了当地谈了对国旗的看法:"你不是说过要将革命进行到底吗?在国旗上画一道杠,有把国土一分为二的嫌疑!再说,用一条杠子代表黄河也不科学,老百姓会联想到孙猴子的金箍棒!"这一番话给毛泽东的触动很大,也让他开始重新审视国旗图案。恰在这时,田汉把五星红旗的图案交到毛泽东手里。毛泽东把眼光定格在大星中的镰刀、斧头上，微微皱起眉头。田汉马上说："镰刀和斧头的图案我认为可以拿掉，这并不妨碍整体的效果，反而更简洁了。"毛泽东轻轻地点了点头。

9月25日，距离开国大典只有短短的五天了。晚上8时，忙碌了一整天的毛泽东、周恩来、郭沫若、沈雁冰等来到中南海丰泽园，参加国旗、国徽、国歌、纪年、国都协商座谈会。毛泽东首先发言："过去我们脑子老想在国旗上画上中国特点，因此画上一条以代表黄河。其实许多国家国旗也不一定有什么该国家的特点，苏联的斧头镰刀也不一定代表苏联特征，美之国旗也没有什么该国特点。因此，我们这个图案（毛泽东拿着五星红旗指着说）表现我们革命人民大团结。现在要大团结，将来也要大团结。因此，现在也好，将来也好，又是团结又是革命。"

毛泽东话音刚落，大家就鼓起掌来。陈嘉庚说：我从东北回来，就很关心国旗问题，我完全赞同毛主席所讲的第32号图案。梁思成也接过话说："我觉得32号图很好，而且与军旗也不是相差很大，多星代表人民大团结，红代表革命，表示革命人民大团结。"其他与会者也纷纷发言，一致赞同"复字第32号"五星红旗的图案为国旗图样，并鼓掌通过。

第二天下午3时，国旗、国徽、国歌、国都、纪年审查委员会第一次会议在北京饭店东餐厅召开，决定拟采用五星红旗为中华人民共和国国旗，该图庄严、美观、简洁、易制，且又合乎征求条件。但其说明要更改，红色象征革命；星象征中国人民革命大团结。该决议提交政协第一届全体会议讨论。

由632名代表参加的政协第一届全体会议在中南海怀仁堂正在召开。在9月27日第六天的会议上，全体代表一致通过中华人民共和国国旗为五星红旗，象征中国人民大团结。在本次会议形成的四个决议草案中，第四个草案是对国旗的规定："中华人民共和国的国旗为红地五星旗，红色象征革命，五颗黄星象征中国革命人民大团结。"草案还专门对国旗旗面的比例和制图方法，做了明确和详细的规定。

9月29日，《人民日报》刊登由政协主席团公布的《国旗制作说明》，中共中央还专门下发"严格按《国旗制作说明》指定专门店号承制国旗的通知"，明确要求："除北京在十月一日庆祝大会举行升旗典礼并在全市悬旗外，全国其他各地均须一律在十月二日庆祝大会上举行升旗，并令各地机关、学校、工厂、商店于同月普遍悬挂。望即进行具体准备大量印制图样，并指定专门店号严格按照规定统一大量承制，供应需要。"

距离开国大典只有短短几天了。开国大典筹备处在国旗图案确定的当天，就将制作五星红旗的任务交给北平永茂实业公司。缝制新中国第一面五星红旗的重任，落到西单一家缝纫社女工赵文瑞身上。接到这个特殊任务后，刚从家庭妇女变成缝制工人的赵文瑞欣喜万分，按照政协会议公布的国旗说明，带领缝纫社的几个姐妹用黄缎子剪出两颗大五角星，八颗小五角星。然后，她们把五角星精确地贴在红布的正反两面，五角比齐对正，一针一线地缝制完成。9月30日下午，赵文瑞和姐妹们缝制成的第一面五星红旗被送到怀仁堂政协第一届全体会议会场。

1949年10月1日下午2时55分，毛泽东等党和国家领导人陆续登上天安门城楼。下午3时整，中央人民政府秘书长、大典司仪林伯渠宣布："请毛主席升旗！"庄严的国歌《义勇军进行曲》响起来，毛泽东主席大步走到升旗按钮前面，庄严地按下升旗按钮。在全世界的瞩目下，第一面五星红旗在天安门广场冉冉升起！

国旗确定了，但在7月4日召开的第六小组第一次会议上提出的一个小问题还没有解决，这就是奖励问题。1950年5月29日，审查委员会专门就这个问题举行会议，并形成决议，其中对国旗应征者的奖励办法如下：被政协大会采用之国旗图案，除由政务院颁发奖状外，给奖金人民币壹仟万元（相当于新币1000元）及政协纪念册一本；与现用国旗相同，但大星中有镰斧者，或其设计系一个大五角星、三个小五角星或五个小五角星，与现用国旗安排法相同者，除由全委会或政务院备函致谢外，并各给奖金人民币壹佰万元（相当于新币100元）及政协纪念册一本；应征的国旗图案初选时列入者，除由全委会或政务院备函致谢外，并各赠给初选国旗图案印册一本。至此，国旗审查委员会使命完成。

（选自《百年潮》2012年第8期）

『中华人民共和国』国名是怎样确定下来的

／宋月红

在新政协筹备会前夕，“中华人民民主共和国”在新中国命名中暂占上风

1949年6月15日，新政治协商会议筹备会开幕。关于国名问题，毛泽东在当天的会上发表讲话指出：“过去，中华民国是名不副实的。现在，我们要建立一个名副其实的中华人民民主共和国。”他在讲话结束时高呼的第一个口号就是“中华人民民主共和国万岁！”第二天，筹备会第一次全体会议通过《新政治协商会议筹备会组织条例》，把“提出建立中华人民民主共和国政府之方案”列为筹备会的一项中心任务。当晚，经筹备会常务委员会第一次会议决定，常务委员会下设六个工作小组。其中，第二小组起草新政协会议组织条例，组长谭平山；第三小

组起草共同纲领，组长周恩来；第四小组拟定"中华人民民主共和国政府方案"，组长董必武，副组长黄炎培。各工作小组在起草有关文件的初稿时，都沿用了"中华人民民主共和国"的名称。然而，毛泽东在6月30日发表的《论人民民主专政》中，则只使用了"人民共和国"的概念。这表明，尽管当时"中华人民民主共和国"在新中国命名中暂占上风，但国名问题仍然没有解决，处于待定状态。此后关于国名的争论，主要围绕"中华人民民主共和国"这一名称而展开。

在新政协筹备会上，张奚若提出："叫中华人民共和国好。有'人民'，就可以不要'民主'二字"

国名问题是新政协筹备会在筹备政协会议期间讨论与协商的一项中心议题。其中，以第四小组为主，在讨论"政府组织法中的基本问题"的过程中，对"中华人民民主共和国"名称问题提出了三种意见。一是"简称中华民国"说。此说针对"中华人民民主共和国"名称过长而提出，认为这一名称可不变，必要时则使用简称。后来的中央人民政府组织法草案中曾有过"中华人民民主共和国简称中华民国"的内容。二是"中华人民民主国"说。持这种意见者以黄炎培、张志让为代表，"两先生曾经写过一个节略，主张用中华人民民主国"。他们认为："我国国名似可将原拟中华人民民主共和国改为中华人民民主国，简称中华民国或中华民主国。将来进入社会主义阶段即可改称中华社会主义民主国。""中华人民民主国"节略了"中华人民民主共和国"中的"共和"，而保留了"人民"和"民主"。其词源依据是，汉语中的"共和国"，系译自英文"Republic"，而"Republic"与"Democracy"原无实质区别，也可译为"民主国"，只是前者指民主的国家，后者指民主的政治体制。因此，"民主"与"共和"无并列的必要。三是"中华人民共和国"说。这个意见虽与"简

中华人民共和国中央人民政府印章、中央人民政府政务院印章

称说”都以为“中华人民民主共和国”名称过长，但解决的办法不是用简称，而是“去掉民主二字”，改为“中华人民共和国”。在筹备会常务委员会第四小组第二次全体会议的讨论中，张奚若说：“我看叫中华人民共和国好。有‘人民’，就可以不要‘民主’二字，焉有人民而不民主哉？”“去掉‘民主’二字，从下面的解释也是很容易明白的：是共和而非专制，是民主而非君主，是人民而非布尔乔亚的国家。”因此，他认为与其用“中华人民民主共和国”、“中华人民民主国”，不如用“中华人民共和国”。

根据上述讨论意见，政府组织法起草委员会先后召开三次会议，并在征求一些专家意见的基础上，写成了政府组织法的草案初稿。8月17日，第四小组第三次全体会议修正通过该组织法草案，其使用的国名为“中华人民共和国”。据董必武后来在中国人民政治协商会议第一届全体会议上所作《中华人民共和国中央人民政府组织法的草拟经过及其基本内容》报告中关于新中国国名问题的说明，之所以采用这个名称，是“因为共和国说明了我们的国体，‘人民’二字在今天新民主主义的中国是指工、农、小资产阶级和民族资产阶级四个阶级及爱国民主分子，它有确定的解释，已经把人民民主专政的意思表达出来，不必再把‘民主’二字重复一次了”。

新政协筹备会第二次全体会议正式将新中国国名定为"中华人民共和国"

在中国人民政治协商会议第一届全体会议召开前，周恩来于9月7日向政协代表作了《关于人民政协的几个问题》的报告，其中就国名问题解释说："在中央人民政府组织法的草案上去掉了中华人民民主共和国的'民主'二字，去掉的原因是感觉到'民主'与'共和'有共同的意义，无须重复，作为国家还是用'共和'二字比较好。辛亥革命以后，中国的国名是'中华民国'，有共和的意思，但并不完全，可以作双关的解释，而且令人费解。现在我们应该把旧民主主义和新民主主义区别开来。因为在辛亥革命时期，俄国十月革命尚未成功，那时只能是旧民主主义的。在那以后由不完备的旧民主主义进步到完备的新民主主义。今天，为了使国家的名称合乎国家的本质，所以我们的国名应该是中华人民共和国。我们的国家是属于四个民主阶级的人民民主专政，反动的封建阶级、官僚资产阶级的分子不能列入人民的范围。等到他们彻底悔悟和改造后才能取得人民的资格。中国的少数民族也应该包括在中华人民共和国之内，承认他们的自治权。因此，我们认为中华人民共和国这个国名是很恰当的。"他还特别指出："我们国家的名称，叫中华人民共和国，而不叫联邦。"由此，新中国在统一的国家内实行民族区域自治的制度也确定下来。9月17日，新政协筹备会举行第二次全体会议，会议正式决定新中国国名为"中华人民共和国"。

从此，伴随新中国成立的步伐，一个伟大而光辉的名字——"中华人民共和国"正式诞生，并向世人昭示：中国人民从此站立起来了。

（选自《北京日报》
2007年12月10日）

新中国开国大典中的几个“第一”

/林玉华

1949年10月1日，毛泽东主席在天安门上宣告中华人民共和国成立，中华民族从此开启了新的历史纪元。那铭刻在开国盛典上的无数个闪光的“第一”，记录了那个让世界为之惊叹的伟大时刻，并将永远载入共和国辉煌的史册……

第一幅毛主席巨幅画像

天安门城楼大殿的东山墙下搭起了一座6米多高的杉木架子。北平国立艺专实用美术系教师周令钊带领他的学生、助手陈若菊等，正站在高架子上绘制毛主席巨幅画像：毛泽东头戴八角帽，脸部稍侧，目光仰视，微带笑容，显露出高瞻远瞩的伟人气质。原照片是新闻摄影局的郑景康1945年6月在延安时拍摄的。照片上毛主席身穿的粗呢子制服还是在延安大生产后王震的359旅战士为毛主席制作的。这是当时在解放区最流行的一张领袖像，而且是经毛泽东本人亲自选定同意的。

北平解放后，30岁的周令钊画领袖像颇有名气。六国饭店（今华风宾馆）国共和平谈判会场、北京饭店会议室等处悬挂的毛主席油画像都是他的杰作。及至新中国成立在即，北平市有关领导就推荐周令钊来承担为开国大典绘制毛主席画像的任务。

这一光荣的任务随之成就了

退休后的周令钊、陈若菊夫妇

一桩美好的姻缘。也算是托了领袖的福气，周令钊和他的助手陈若菊不久结成了恩爱夫妻。

巨大的画框是由北平市美术工作室的同志设计的，他们根据天安门的整体格局，经过在门洞上方实际丈量，最后才确定高6.4米、宽5米的尺寸。周令钊一手拿着画笔，一手扶着梯子爬上爬下，把方寸小照放大在足有两层楼高的画框上。助手陈若菊和负责古建油漆的师傅在一旁协助他打底、调颜色。十来天里他们没有离开过天安门一步，没有睡过一个囫囵觉。周令钊根据照片摹本把毛主席的衣领画为稍微敞口的式样……

这天，聂荣臻将军来到城楼下面，他端详着毛主席画像，从一个职业革命家的角度提出了意见。他说，主席画像的领子还是要把风纪扣系上。熟悉聂荣臻的人都知道，即使是在战争年代，聂荣臻也十分注意军容风纪。周令钊对聂将军的指示心领神会，立即抓紧时间改画了主席的衣领。经过连续夜以继日地“赶”画，大典前夕，毛主席画像绘制完成了。这在当时该属中国最大的一幅领袖画像了。

第一次中外合作拍摄

政协会议开幕以后，苏联派出的电影团即摄制组抵达北京。这个摄制组阵容强大，由苏联高尔基电影制片厂著名导演格拉西莫夫和莫斯科新闻纪录电影制片厂编导瓦尔拉莫夫领衔，成员包括摄影、制片、录音、照明共30多人。经双方商定，决定合作拍摄两部大型彩色纪录片:一部是《中国人民的胜利》,侧重从解放战争取得决定性胜利的角度来反映;另一部是《解放了的中国》,侧重从政治、经济、文化建设的角度来反映。

影片为了体现中共中央的集体领导,经由中央办公厅主任杨尚昆安排,在中南海拍摄了毛泽东、朱德、刘少奇、周恩来等最高层领导在一起开会的镜头。摄制组还派出摄影师分头到全国各地拍摄,从中央到地方都积极给予配合、支持。解放了的中国,到处是一派热气腾腾的景象。

开国大典是两部影片的高潮。10月1日这天,天安门东华表前专门为摄影师搭设了高脚台,天安门城楼上面特准苏联摄影师自由拍摄。中方摄影师徐肖冰、吴本立也陪同苏联导演和摄影师在城楼上选择角度进行拍摄。当时使用的电影胶片都是由苏方提供的彩色胶片,采用同期声录音。几位苏联朋友很卖力气,直到群众游行结束,那绚烂的灯火消逝在狂欢的队伍中,摄影师们才收拾机器,驱车返回位于东华门大街的翠明庄驻地。

为了拍好《中国人民的胜利》,中央责成军委作战部李涛部长专门向摄制组作了几次报告。由于三大战役已经结束,南京国民党政府已经逃亡,许多重大的历史场面只好组织补拍。好在战争环境还没有远去,人民还处在革命胜利的亢奋之中,所以组织补拍起来还比较逼真,上下也都很重视。

按照拍摄计划,这部影片先由辽沈战役东北解放拍起。大兵团作战需要步兵、炮兵、装甲兵几个师的部队配合。毛泽东给在武汉的林彪写了亲笔信,由吴本立和苏联专家携信前往。林彪本来考虑由"四野"刘亚楼参谋长挂帅协助拍摄,但因中央正要刘亚楼筹建空军,抽不出身来,就具体交给"四野"后勤部政委陈沂和参谋处长苏静负全责。在东北拍完了攻克锦州、塔山阻击、解放沈阳，然后就是攻打天津，和平解放北平。

在华北军区和北京市委的共同组织下，补拍了盛大的部队“入城式”和“朝阳门换岗”行动：成千上万的北平市民欢迎解放军开进北平；傅作义军队把岗位让给人民解放军，战士们以标准的姿态亮开刺刀站在哨位上……在扬子江面，在金陵城头，由第三野战军部队配合，补拍了千帆竞发、突破长江天险和占领南京国民党“总统府”的壮观场面……

由彭德怀率领的第一野战军和由刘伯承、邓小平率领的第二野战军正在向西北、西南进军，采取大迂回、大包围和穷追猛打的方针，追歼敌人。影片收入了大量真实的历史镜头……

以上拍摄的大量历史镜头，都成了中国人民革命历史上的“经典”资料，载入了辉煌的史册。

《中国人民的胜利》和《解放了的中国》是苏联与中方首次合作拍摄的彩色影片。两部片子后期制作完成后，中央电影局请毛泽东、朱德、刘少奇、周恩来等领导人审看样片。电影映完后，全场灯亮，毛泽东十分高兴，他站起来大声说：“很好！通过！”顷刻，全体起立热烈鼓掌。

《中国人民的胜利》和《解放了的中国》两部大型彩色纪录影片于1950年双双获得斯大林文艺奖金一等奖。

第一次中央人民政府全体会议

时针指向午后1点，值班卫士准时轻轻地叫醒毛泽东起床。毛泽东折起身子，揉揉惺忪的眼睛，还随口哼了两声京戏，顿时精神起来。

这时，卫士李银桥拿来从王府井一家制装店（雷蒙服装店的前身）定做的黄呢子礼服。毛泽东穿在身上，抻平理顺，看上去更显得伟岸挺拔，大气凛然。

午后2时整，毛泽东坐车到达通往瀛台的白玉石拱桥，步行走进勤政殿。

朱德、刘少奇、周恩来、宋庆龄、李济深、张澜、高岗等国家领导人已在这里集合。毛泽东主持了中央人民政府委员会第一次会议，主席、副主席和委员宣布就职，宣告中华人民共和国中央人民政府成立，并通过了中央人民政府第1号《公告》。

《公告》在讲到选出的中央人民政府委员会委员时，原稿简略为"陈毅等56人为委员"。张治中委员当场提出：应该把所有委员的名字都列上，因为这样更能体现中央人民政府是真正实行新民主主义的联合政府，对国际国内都具有重大的影响。如果把这些人"等"掉，就没有这个气势了。毛泽东听后，晃了晃手中的《公告》稿，连说："这个意见好！"马上吩咐中央办公厅工作人员把其他55位委员的名单补齐，临时别一张纸条加在《公告》上。

毛泽东之所以欣然接受张治中先生的建议，其中是有道理的。因为中共中央早已决定并再三宣布：中国革命分两步走，第一步是新民主主义，建立联合政府；第二步才是社会主义。新当选的人民政府委员会的56名委员，代表了联合政府中不同的阶级成分和经济成分，他们都是在社会上有着广泛影响的代表人物。当时在中国政治舞台上为争取民主自由而奋斗的知名人士，以及反对国民党专制统治的各方面实力人物都尽在其中。在中华人民共和国开国之际，及时向全国、全世界公布和宣传这些代表人物的名单，标志着新成立的中央人民政府是真正实行新民主主义的联合政府。

会议结束，出席的主席、副主席、委员步出勤政殿。毛泽东见到年长的先贤、民主革命元老，都一一上前握手。

随后，毛泽东等领导人乘车出中南海东门，从故宫西华门南拐至阙右门，再往南直达天安门，登上了城楼的100级台阶……

第一支礼炮部队

伴随着《义勇军进行曲》的旋律，只听见在广场的东南方传来一阵阵雷鸣般的声音：

"轰……""轰……""轰……"这轰隆隆的"雷鸣"共鸣放了28响，震天动地，响彻寰宇，也震撼着每个人的心。这是人民解放军新组建的礼炮部队，以最崇高的礼仪在为中华人民共和国的诞生鸣炮庆贺。

"鸣放礼炮"一开始就列为庆祝大典的程序之一。阅兵指挥部决定由华北军区特种兵部队组建一支礼炮队。

礼炮选定的是缴获日军的山炮，共108门，分为两组，每组54门。炮弹全部卸掉了弹头。这种炮和野炮、榴弹炮相比，炮身短，口径小，重量轻，使用方便，是从华北六个纵队的山炮营和军区直属炮兵部队选调来的。

礼炮队训练就在先农坛公园进行。每门礼炮有3个炮手，主要训练装填、发射、退弹壳三个动作，必须在3秒钟内完成。54门礼炮齐射一次限定在4秒半完成，这是因为毛主席按电钮升国旗、军乐队奏国歌，时间是2分零5秒。在这个时间内要鸣放28响礼炮，同步进行。

10月1日。当五星红旗第一次在天安门上空升起，乐队高奏国歌时，开国大典的礼炮声响了。这隆隆的28响，每一响都像一门炮那样整齐，但又凝聚着54门礼炮齐射的力量和磅礴云天的声音。

然而，这54门礼炮鸣放28响，其中隐含着什么意义呢？1950年初，时任军委办公厅副主任的唐永健受聂荣臻副总长委托，专门为此起草了一份"说明"：54门礼炮一齐鸣放，代表当时参加新政协的54个单位和方面的人士；礼炮鸣放28响，表示中国共产党领导全国人民为夺取新民主主义革命胜利而英勇奋斗的28年。

第一份外交文件

开国大典当天，中华人民共

和国政务院总理兼外交部长周恩来，将毛泽东主席代表中央人民政府发布的《公告》并随附公函送达各国政府。周恩来的公函如下：

“中华人民共和国中央人民政府毛泽东主席已在本日发表了公告。我现在将这个公告随函送达阁下，希为转交贵国政府。我认为中华人民共和国与世界各国建立正常的外交关系是需要的。”

中华人民共和国中央人民政府

外交部部长周恩来

一九四九年十月一日于北京

《公告》及随函送达各国在北京的旧领事馆领事；凡在北京无领事馆，而在南京有大使馆或公使馆者，则送达南京各旧大使馆或公使馆。周恩来说，这是我们新中国的第一个外交文件，也是通过使领馆向外国政府发出的第一个照会。与此同时，新华广播电台的强大电波载着中央人民政府《公告》飞向十月革命的故乡，太平洋遥远的彼岸……

苏联当即承认中华人民共和国，并宣布中苏两国迅速建交，产生了广泛的国际影响。保加利亚、罗马尼亚、匈牙利、民主朝鲜、捷克斯洛伐克、波兰、蒙古、阿尔巴尼亚、德意志民主共和国及越南民主共和国等一批人民民主国家，在短短两个月的时间内相继同新

国别	建交时间	洲别
苏维埃社会主义共和国联盟	1949年10月3日	欧洲
保加利亚人民共和国	1949年10月4日	欧洲
罗马尼亚社会主义共和国	1949年10月5日	欧洲
匈牙利人民共和国	1949年10月6日	欧洲
捷克斯洛伐克社会主义共和国	1949年10月6日	欧洲
朝鲜民主主义人民共和国	1949年10月6日	亚洲
波兰人民共和国	1949年10月7日	欧洲
蒙古人民共和国	1949年10月16日	亚洲
德意志民主共和国	1949年10月27日	欧洲
阿尔巴尼亚社会主义人民共和国	1949年11月23日	欧洲
越南社会主义共和国	1950年1月18日	亚洲
印度共和国	1950年4月1日	亚洲
瑞典王国	1950年5月9日	欧洲
丹麦王国	1950年5月11日	欧洲
缅甸联邦社会主义共和国	1950年6月8日	亚洲
瑞士联邦	1950年9月14日	欧洲
芬兰共和国	1950年10月28日	欧洲
巴基斯坦伊斯兰共和国	1951年5月21日	亚洲

中华人民共和国成立初期中国同各国建交表

中国建立了外交关系。一个占人类四分之一人口的新生的人民共和国很快在国际上站稳了脚跟。

世界各国共产党和进步组织纷纷致电祝贺中国人民革命的胜利，高度称赞中华人民共和国的成立，标志着近四分之一的人类由封建主义与殖民主义的锁链中解放出来，对全世界工人阶级和一切民主分子争取和平与自由的斗争是一个巨大鼓舞。

……

正如毛泽东在中国人民政治协商会议第一届全体会议的开幕词中所指出的：

“我们的民族将再也不是一个被人侮辱的民族了，我们已经站起来了，我们的革命已经获得全世界广大人民的同情和欢呼，我们的朋友遍于全世界。”

（选自《解放军报》
2009年9月23日）

开国大典阅兵式

／杨成武

1949年的每一个日子，都是令人兴奋的。

中国人民解放战争即将在全国取得胜利，一个新型的人民共和国就要诞生了。6月初，我在中南海受领第二十兵团布防平、津、塘、秦的任务时，听周恩来副主席谈了有关建国大计的内容。“七一”后，中共中央成立了以周恩来为主任，彭真、聂荣臻、林伯渠、李维汉等同志为副主任的开国大典筹备委员会，拟定开国大典包括三大项目：一、中华人民共和国中央人民政府成立典礼；二、中国人民解放军阅兵仪式；三、人民群众游行活动。

作为开国大典一个重大项目的阅兵仪式，是我军历史上最盛大、最庄严的一次庆典。朱德总司令任阅兵司令员，聂荣臻代总参谋长任阅兵总指挥，我和唐延杰、唐永健、刘仁、肖明、肖松等同志为副总指挥。下设阅兵指挥所，我兼指挥所主任，唐延杰兼副主任。

我与唐延杰受命后的第一项工作，是在军委首长指导下，主持起草《阅兵典礼方案》。方案的内容包括受阅部队的选调、编组，阅兵程序，阅兵礼乐以及受阅前的训练等。阅兵式分为两个部分，即"检阅式"和"分列式"。检阅式是指受阅部队在静止状态下，接受阅兵司令员的检阅，分列式则是指受阅部队在行进状态下，接受党和国家领导人、各界人民代表的检阅。《阅兵典礼方案》拟出后，毛泽东、朱德、刘少奇、周恩来和任弼时等中央领导同志，在中南海怀仁堂接见了负责阅兵事宜的有关人员。接见时，他们听取了聂荣臻同志有关阅兵仪式的基本设想以及我关于阅兵方案中主要内容的汇报。当时在座的中央领导人先后都讲了话，作了指示。毛泽东同志说，我们历来主张慎重初战，这次阅兵也是初战，开国第一次嘛，一定要搞好。

我们阅兵指挥所的工作，基本上是以经过批准的《阅兵典礼方案》为依据进行的。按军委首长指示，指挥所的工作人员从华北军区、平津卫戍区和有关军兵种抽调。参加阅兵分列式的部队，其陆军大部分来自第二十兵团、平津卫戍部队；海军和空军的阅兵代表部队，则由有关部队的首长指定抽调。受阅部队的人员总计一万六千四百多名。其序列为：一、海军代表部队：由海军学校与华东舰队各一个排编成。二、陆军代表部队：步兵师、炮兵师、战车师、骑兵师各一个，其中战车师包括摩托化步兵团、装甲车团、坦克团各一个。三、空军：飞机17架。

10月1日，1949年的10月1日，这个辉煌的划时代的日子就要来到了。

为统一行动，我和唐延杰受命以阅兵指挥所正、副主任的名义，预先向受阅的海、陆、空代表

杨成武，中华人民共和国开国上将，从1954年到1958年连续5年担任中华人民共和国国庆阅兵的总指挥

部队下达了一道命令，命令中规定了各部队入城路线、集结待阅地点、各指挥分所的位置，并重申了以前阅兵会议规定的注意事项。9月30日午夜，各部队开始入城集结。我的指挥位置设在天安门东侧的城墙根，以有线电话与各指挥分所联系。

10月1日下午2时，中南海内开始举行中央人民政府委员会第一次会议，正、副主席宣布就职，并选举林伯渠为秘书长；任命周恩来为政务院总理兼外交部长；毛泽东兼中央人民政府军事委员会主席；朱德兼人民解放军总司令；沈钧儒为最高人民法院院长；罗荣桓为最高人民检察署检察长。

30万军民聚集于天安门广场。人群和旗帜、彩绸、鲜花、灯饰，汇成了喜庆的锦绣般的海洋。30万颗心都在迎候同一时刻。

下午3时，大地欢声雷动。毛泽东和朱德两位伟人一前一后，沿着城西侧的古砖梯道，最先登上天安门城楼。

林伯渠宣布开会。在定为国歌的《义勇军进行曲》乐曲声中，中央人民政府主席、副主席和委员就位。

在国歌的乐曲声中，人民领袖毛泽东庄严宣布："中华人民共和国中央人民政府成立了！"这个声音震动了全世界。它标志中国人民从此站起来了！

伟大人民领袖的声音，也是四万万同胞共同的高昂豪迈的声音，其中包含了无数先烈的夙愿。在此前一天，毛泽东同志为人民英雄纪念碑起草了碑文。碑文是："三年以来，在人民解放战争和人民革命中牺牲的人民英雄永垂不朽！三十年以来，在人民解放战争和人民革命中牺牲的人民英雄永垂不朽！由此上溯到一千八百四十年，从那时起，为了反对内外敌人，争取民族独立和人民自由幸福，在历次斗争中牺牲的人民英雄们永垂不朽！"由周恩来同志书写，刻在人民英雄纪念碑上。

在国歌的乐曲声中，毛泽东同志亲自开动有电线通往天安门广场中央国旗杆的电钮，升起了中华人民共和国第一面五星红旗。在那第一面国旗冉冉升起的时候，礼炮轰鸣，五十四门礼炮齐放二十八响，如报春惊雷回荡天地间。

升旗之后，毛泽东主席宣读中华人民共和国中央人民政府公告："自蒋介石国民党反动政府背叛祖国，勾结帝国主义，发动反革命战争以来，全国人民处于水深火热的情况之中。幸赖我人民解放军在全国人民援助之下，为保卫祖国的领土主权，为保卫人民的生命财产，为解除人民的痛苦和争取人民的权利奋不顾身，英勇作战，得以消灭反动军队，推翻国民党政府的反动统治。现在人民解放战争业已取得基本的胜利，全国大多数人民业已获得解放。在此基础之上，由全国各民主党派、各人民团体、人民解放军、各地区、各民族、国外华侨及其他爱国民主分子的代表们所组成的中国人民政治协商会议第一届全体会议业已集会，代表全国人民的意志，制定了中华人民共和国中央人民政府组织法……组成中央人民政府委员会，宣告中华人民共和国的成立，并决定北京为中华人民共和国的首都……"最后他说，中央人民政府是"代表中华人民共和国全国人民的唯一合法政府"。公告宣读完毕，林伯渠秘书长宣布阅兵开始。阅兵司令员朱德身着戎装，走下天安门城楼，乘敞篷汽车通过金水桥，迎候在桥南的阅兵总指挥聂荣臻即致军礼并报告：受检阅的陆海空代表部队均已准备完毕，请总司令检阅在《三大纪律八项注意》、《军队和老百姓》、《保卫胜利果实》等军乐乐曲的连续鸣奏中，朱德总司令由聂荣臻总指挥同车陪同，检阅了肃立受阅的三军部队。当朱总司令向指战员问好时，指战员齐声响亮地回答："祝总司令健康！"

接着，朱总司令重登天安门城楼，宣读《中国人民解放军总部命令》，说："……我们中华人民共和国的武装部队，在反对美国帝国主义所援助的蒋介石反动政府的革命战争中，已经取得了伟大的胜利。敌人的大部分已经被歼灭，全国的大部分国土已经解放。这是我们全体战斗员、指挥员、政治工作人员和后勤工作人员一致努力英勇奋斗的结果。我向你们表示热烈的庆祝和感谢。

"但是现在我们的战斗任务还没有最后完成。残余的敌人还在继续勾引外国侵略者，进行反抗中华人民共和国的反革命活动。我们必须继续努力，实现人民解放战争的最后目的。

"我命令中国人民解放军全体指战员工作员，坚决执行中央人民政府和伟大的人民领袖毛主席的一切命令，迅速肃清国民党反动军队的残余，解放一切尚未解放的国土，同时肃清土匪和其他一切反革命匪徒，镇压他们的一切反抗和捣乱行为……"

检阅式完毕便是分列式。于是我用电话向东三座门外的指挥分所发出相应的命令。那是最幸福的也是最紧张的时刻。党和国家领导人、各界民主人士都在注视我们，30万人民群众都在注视我们。我们将要把人民军队二十多年的战斗历程，在短暂时间内的行进中显示出来，将要把整个人民军队的风貌，通过有限的行动反映出来。

最先通过天安门主席台前的是代表人民海军的水兵分队，他们身着崭新的水兵服，以"八一"

军旗为前导，由东向西行进。当这支年轻的、英姿勃勃的队伍通过天安门主席台前时，欢呼声陡然高涨，使人想到澎湃的波涛声，这些沿海岛屿的解放者从此也就是中华人民共和国的保卫者。

紧接着的就是多兵种的陆军代表部队。步兵师的战士们经过千锤百炼，踏着《八路军进行曲》的节奏，雄赳赳地走过来了。在《军队进行曲》和《坦克进行曲》的伴奏声中，炮兵师、战车师的队伍也相继隆隆地开过来了。战车师包括摩托化步兵团，轻、中型坦克团各一个，这支钢铁的队伍是在中国人民解放军“大反攻”中建立起来的。

当战车师行进在长安街中段时，人民空军的飞机分别以三机和双机编队，一批又一批地飞经天安门广场的上空。在天安门前，天上地上，浑然一体，形成雄伟的立体武装阵容。万众仰望。毛泽东、朱德、刘少奇、周恩来等中央领导人也兴奋地昂首注视祖国领空的保卫者。

机影还未完全消失，激越的《骑兵进行曲》引出了壮观的骑兵师队伍。三个骑兵团，后面还有一个挽拽野炮的炮兵营，共一千九百二十多匹战马，以六路纵队前进。各梯队装具整齐划一，军马的毛色或全红，或全白，或全黑；骑手们身着草绿色军服，握枪挎刀，威风凛凛。

开国大典上接受党和国家领导人检阅的机械部队阵容

检阅式和分列式历经两个多小时。两个多小时，浓缩了我军以往的漫长战斗历程，也预示了未来的征途。我一分钟也未敢离开自己的指挥联络位置，而我的心神又似乎在随同分列式的队伍行进。

阅兵仪式之后，欢腾的群众游行队伍通过天安门前向新的中央人民政府领导人致意，向高高飘扬的五星红旗致意。我注意到，这一天天气并不是很晴朗的，日光不强，云影朦胧，然而，自古以来中华民族又何曾有过如此光明辉煌的日子？入夜，火树银花，载歌载舞，首都北京的军民在尽情地欢度中华人民共和国的第一个夜晚。

开国大典和开国大典阅兵式，给我留下了莫能淡忘的壮观图景，也给我留下了军人的光荣，当然还有军人的新的使命。

（摘自《杨成武回忆录》，解放军出版社2005年版）

『开国文献』记录开国盛事

/董西德

笔者收藏有六个不同版本的60年前诞生的“中华人民共和国开国文献”，尽管经历了60年的沧桑巨变，如今看来显得弥足珍贵。

辽东版《中华人民共和国开国文献》

东北新华书店辽东分店印行的《中华人民共和国开国文献》，为竖排式繁体字印刷，封面的左边醒目地印着竖体“中华人民共和国开国文献”字样，右上角印着中国人民政治协商会议会徽图案和六面红旗，在会徽上印着“1949”字样，最下方印着“东北新华书店辽东分店印行”字样。

这本“开国文献”共分：“中国人民政协第一届会议上毛主席开幕词”、“中国人民政治协商会议共同纲领”、“中国人民政治协商

辽东版《中华人民共和国开国文献》

会议组织法”、“中华人民共和国中央人民政府组织法”、“中国人民解放军朱德总司令发言”、“中共中央政治局委员刘少奇讲话”、“周恩来关于‘中国人民政治协商会议共同纲领’特点的说明”、“董必武关于‘中华人民共和国中央人民政府组织法’基本内容的说明”、“谭平山关于‘中国人民政治协商会议组织法’主要内容的说明”等16个部分。全书正文共80页，在封底的左下角印着“中华人民共和国开国文献1949.10初版辽1—10000基本定价:□□□元”，字样，这本珍贵的“开国文献”，没有定价。

据一些史料显示，这本“开国文献”，在1950年又出现了再版本。笔者收藏的这本是初版一印，仅印刷了10000册，可以说弥足珍贵，也是一本不可多得的“珍品”。

群众版《中华人民共和国开国文献》

群众日报社印行的《中华人民共和国开国文献》一版共122页，尽管其封面被鼠咬去四分之三，但五星红旗清晰可见，“中华”二字，更是彰显在封面之上。其首页“目次”完整无损，分别为：“毛主席在人民政协筹备会上的讲词”、“中国人民政协开幕”、“毛主席致开幕词”、“人民政协首届全会宣言”、“中华人民共和国中央人民政府公告”、“中国人民解放军总部命令”、“中央人民政府外交部长周恩来将毛主席公告函送各国政府”、“人民政协筹备经过”、“中国人民政协共同纲领”、“大会电慰解放军”、“人民英雄永垂不朽”等共20个部分。

这本"开国文献"一版仅印行了10000册，真正的出版日期，在这本书上没有明显的记载，笔者判断应该是1949年10月。

群众日报社印行的《中华人民共和国开国文献》二版其封面与一版完全相同，正页共148页，加上前面附加的8页和后面"勘误表"的两页，共158页，比一版多出了36页。

群众日报出版社印行的《中华人民共和国开国文献》二版的扉二页是一幅毛主席像，这幅毛主席像也是开国大典时天安门城楼上悬挂的第一幅毛主席像；扉三页是两幅红色的中华人民共和国国旗和设计图案；扉四页是国旗制法说明；扉五页是田汉词、聂耳曲《国歌》——义勇军进行曲。这是一版所没有的。

尽管二版增加了不少内容，与一版相比错误也随着出现，所以，在最后出现了两页勘误表，18处错误。一版却无一处错误出现，尽管一版没有毛主席像、国旗和国歌等，但史料价值、研究价值和收藏价值，显然高于二版。所以说二版与一版难相媲美。

吉林版《中华人民共和国开国文献》

吉林人民出版社出版的《中华人民共和国开国文献》笔者珍藏有两个版本，这两个版本分为初版和再版。初版为1949年12月出版，印行了2000册，再版为1950年1月出版，印行了5000册。

两个版本封面设计都是一样的，在编辑出版中，也有不同的变化，初版的"目录"中印有16个部分，和两个附加内容。分别为"中国共产党中央委员会主席毛泽东在中国人民政治协商会议第一届全体会议上的开幕词"、"中国人民政治协商会议共同纲领"、"中国人民政治协商会议组织法(附：中华人民共和国中央人民政府组织系统表)"、"中国人民政治协商会议第一届全体会议宣言"、"中国人民政治协商会议第一届全体会议名单"、"中国人民解放军朱德司令发言"、"中共中央政治局委员刘少奇讲话"、"中华人民共和国万岁(北京人民日报社论)"和两个"附文"等。

令人不可思议的是，在"目录"上出现的这两条"附加"内容，却没有"显示"在书中。此书保存完好，封面、封底也没有破损迹象，是遗漏？还是另有"隐情"？这可能是历史留给史家的一道题目吧。

西北版《中华人民共和国开国盛典》

西北新华书店出版的《中华人民共和国开国盛典》的封面设计古朴高雅，庄严而神圣，上部是红色的中华人民共和国版图，下面是紫红色的"中华人民共和国开国盛典"字样，最下方是"西北新华书店出版"字样。

全书正文共122页，加上前面的10页附加页，共132页。扉一页上印着与封面相同的内容，在这一页上盖有两枚蓝色扁圆形印章，分别为"×北大学图书馆藏书"和"×北军事委员会教育部图书资料室"。编号00358050。显然这本珍贵的"开国文献"是从这家图书馆里"遛"出来的；扉二页是一面红色的、鲜艳的五星红旗图案，在红旗的下方有"国旗"二字；扉三页是《中华人民共和国国歌》，聂耳作曲，在下面还特意注有"暂时采用义勇军进行曲"字样；扉五页是一幅毛主席戴八角帽早期肖像。与群众日报社印行的《中华人民共和国开国文献》里的毛主席像同属一个版本。

这本《中华人民共和国开国盛典》的版权页上的内容却比其他版本多了一些，从发行量上看更是高于其他版本，笔者收藏的这本是一版，印行了20000册。

(选自《人民政协报》
2009年9月30日)

开国大典回顾 /钱听涛

1949年我参加了天安门前的开国大典，常引为终身幸事。岁月无情，有些细节也模糊了。近年打开存箧，居然找出了一本1949年的发黄了的日记，详记了开国大典前后的生活，更高兴的是找出了一张在会场上领到的"庆祝中国人民政治协商会议成功和中华人民共和国中央人民政府成立口号"，八开油印，30条口号仍很清晰。中国革命博物馆的同志知悉后竟把这张口号连同建国前夕我保存下来的几张报纸号外等都征集收藏走了。我检阅史籍，追寻旧踪，过去不了解的许多史实呈现在眼前，记忆中模糊的细节又清晰起来，共和国华诞的一幕幕，呈现在眼前。

聂荣臻任阅兵总指挥

开国大典前中央人民政府及政务院尚未成立，筹备工作主要由刚成立的北平市人民政府承担。事亦凑巧，市长兼军管会主任叶剑英8月就被内定调华南工作，准备解放广东，9月初就到江西赣州去了。中央任命时任副总参谋长、华北局第三书记、华北军区司令员、京津卫戍司令员的聂荣臻接任。当中央决定在开国大典上要进行阅兵时，中央军委又任命他担任阅兵总指挥。虽然北平市各机关团体、各民主党派共25个单位到9月21日才正

聂荣臻

式集会成立筹委会，并公推聂荣臻为主任委员，但实际筹备工作早已开始。从整修天安门会场、树立旗杆、组织群众、准备鸣放礼炮焰火，特别是训练受阅部队，以及布置保卫会场安全等，都要在一个多月时间中完成。

开国大典的安全工作十分重要。北平解放不久，城内潜伏特务难以一下肃清，而且国民党飞机还会来袭扰。当年5月4日，国民党就从青岛派出6架B－24型轰炸机轰炸南苑，投弹30枚，毁伤我飞机4架，房屋196间，死伤24人，因此聂荣臻一直十分重视防空问题。我们空军还未正式组建。军委有一个航空局，专门在南苑机场组建了一个飞行中队，担任北平防空。聂荣臻考虑很细，下令万一敌机前来，在场人员一定要原地不动，不能乱跑，听从指挥；对受阅的1978匹战马也都作了安排。当然这一切是在中央领导之下进行的，周恩来常常具体过问。如10月1日中央领导人的车队如何从中南海开到天安门下，周恩来带罗瑞卿都曾亲去检查。

庆典前中央人民政府举行首次会议

当时的中央人民政府是9月30日由人民政协第一届全体会议选出的。主席毛泽东、副主席朱德、刘少奇、宋庆龄、李济深、张澜、高岗，委员有陈毅、贺龙、李立三、林伯渠、叶剑英、何香凝等56人。当日下午6时，全体代表利用统计选票时间在天安门广场参加人民英雄纪念碑奠基典礼，尔后回到会场才宣布上述结果。简短隆重的闭幕式，由毛泽东主持，朱德致闭幕词，奏《义勇军进行曲》。主席台上第一次悬挂了五星红旗。散会时天已经很晚了。

习惯晚上办公批阅文件的毛泽东，这一天夜以继日一直工作到10月1日凌晨6点多（见李银桥《在毛泽东身边十五年》）。

中央人民政府委员会首次会议于10月1日下午2时在勤政殿召开。全体宣布就职，中央人民政府正式成立。随即，选林伯渠为秘书长，任命周恩来为政务院总理兼外交部长，毛泽东为人民革命军事委员会主席，朱德为人民解放军总司令，沈钧儒为最高人民法院院长，罗荣桓为最高人民检察署检察长，并责成他们从速组成各项政府机关。会议还宣布接受共同纲领为施政方针，并通知各外国政府只有这个政府才是中国唯一合法政府，并愿与各国建立平等的外交关系。

会议开完，全体领导人乘车出中南海东门，到天安门后下车登楼，下午3时庆典准时开始。

开国大典时的天安门会场

举行开国大典时天安门修葺一新，城楼上横标为“中华人民共和国中央人民政府成立典礼”，正中悬挂毛主席的巨幅画像（40年代着冠照）。两旁的标语，东为“中央人民政府万岁”，西为“中华人民共和国万岁”。没有国徽，因为9月25日、26日政协的座谈会及审查委员会上认为还要修改，所以27日全体会议上只通过了国旗、国歌、国都、纪年4个决议。

那时，东西三座门（正式名称为长安左门、长安右门）及南面长长的甬道，甬道两边长长的红墙，正南门即砖石结构的中华门都还存在，形成了一个“丁”字形的封闭的会场。与8个月前北平刚解放时的天安门前比较，可说是焕然一新，宽广平坦得多了。此外在现在国旗旗杆的地方已竖了一根当时看来已很高的旗杆，旗杆上有一个金色的顶。中华门外正阳门、前门箭楼两旁的许多建筑物上都张灯挂旗。“北平东站”、“北平西站”的大字一夜间都改成“北京东站”、“北京西站”了。会场里的工人、学生、干部、市民、城防部队都举了临时赶制的五星红旗及其他红旗、红灯和彩色小旗，特别是用红绢糊的大小不同的五角星灯，真是成了红旗红灯的海洋，只有市民中戴了小白帽的回民同胞举着绿底白色的星月旗，显得分外不同。会场上的群众共达30万人，分区席地而坐，很有秩序。金水桥北没有现在的观礼台，但搭了两个简单的台子，一个供大会指挥用，一个给唯一的外宾观礼团，这就是前一天刚到的以法捷耶夫为首的苏联文化艺术科学工作者代表团。受检阅部队则站在东长安街。

那时交通工具少，群众近则列队步行来，远的坐火车来。我当时所在的单位，临时编为华北革大第四部，住在西苑大院。华北革大七八千人的队伍迤逦一里许要步行到清华园车站。天未亮起床，到车站已7点，乘装煤的黑敞篷车，走了两小时才到前门车站。经过西直门车站时还见到门头沟工人也坐火车来。虽然“旅途”这样艰苦，但大家情绪高涨。在前门席地而坐等到下午两点才安排进入会场，午饭是馒头凉水，每人领到三块糖、两个梨，是节日优待。

毛主席在天安门上讲话

庄严隆重的开国大典终于在10月1日下午3时开始。那天早晨是阴天，上午和中午还下了一点小雨，但下午却放晴了，真是老天也和万民同庆。典礼的程序是：中央人民政府秘书长宣布开会；中央人民政府主席就位，副主席就位，委员就位；奏义勇军进行曲；中央人民政府主席宣布中华人民共和国中央人民政府成立，并升国旗(同时鸣礼炮，礼炮毕)；中央人民政府主席宣读中央人民政府公告；

阅兵；游行。毛泽东主席宣读的公告，约九百字，虽未收入新出的八卷本《毛泽东文集》，但收入了《建国以来毛泽东文稿》第一册及《共和国档案1949—1996》。

提到开国大典，人们很容易想到毛泽东主席那句震古烁今的名言："中国人民从此站起来了"。然而这句话，并不是毛泽东在天安门楼上讲的，而是在此之前的9月21日的政协开幕词中讲的。原文是"诸位代表先生们：我们有一个共同的感觉，这就是我们的工作将写在人类的历史上，它将表明：占人类总数四分之一的中国人从此站立起来了。"这篇文章已收入《毛泽东文集》。

还可提及的是升国旗、鸣礼炮。鸣礼炮从北平解放后已是第三次。第一次是7月7日晚天安门20万群众纪念抗战12周年及政协筹委会召开时放的。第二次是9月21日新政协开幕时鸣了礼炮54响。这次开国大典则以54门礼炮鸣28响，54门礼炮象征全国54个民族（当时还未有现在56个民族之说），28响象征中国共产党领导全国人民经历28年艰苦奋斗才取得新民主主义革命胜利。正在礼炮轰鸣时，毛主席按动电钮，五星红旗冉冉升起。在场群众都把红旗红灯高高举起，成了一片红色的海洋。

朱总司令下达总部命令

毛主席宣读完公告后，阅兵开始。检阅司令员是中国人民解放军总司令朱德，阅兵总指挥是聂荣臻。

首先由聂荣臻陪同朱总司令坐敞篷车开始检阅。检阅毕，朱总司令回到城楼主席台宣读《中国人民解放军总部命令》，命令的最重要内容为："坚决执行中央人民政府和伟大的人民领袖毛主席的一切命令，迅速肃清国民党反动军队的残余，解放一切尚未解放的国土，同时肃清土匪和其他一切反革命匪徒，镇压他们的一切反抗和捣乱行为。"因为当时华南的两广海南、华东的福建一部分、西南全部（四川、西康、贵州、云南、西藏）均

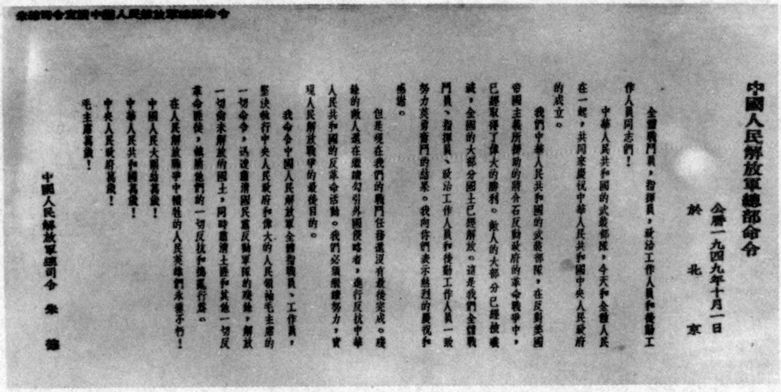

朱總司令宣讀中國人民解放軍總部命令

中國人民解放軍總部命令

公曆一九四九年十月一日
於北京

全體戰鬥員，指揮員，政治工作人員和後勤工作人員同志們！

中華人民共和國的武裝部隊，今天和全體人民在一起，共同來慶祝中華人民共和國中央人民政府的成立。

我們中華人民共和國的武裝部隊，在反對美國帝國主義所幫助的蔣介石反動政府的革命戰爭中，已經取得了偉大的勝利。敵人的大部分已經被殲滅，全國的大部分國土已經解放。這是我們全體戰鬥員、指揮員、政治工作人員和後勤工作人員一致努力英勇奮鬥的結果。我向你們表示熱烈的慶祝和感謝。

但是現在我們的戰鬥任務還沒有最後完成。殘餘的敵人還在繼續勾引外國侵略者，進行反抗中華人民共和國的反革命活動。我們必須繼續努力，實現人民解放戰爭的最後目的。

我命令中國人民解放軍全體指戰員、工作員，堅決執行中央人民政府和偉大的人民領袖毛主席的一切命令，迅速肅清國民黨反動軍隊的殘餘，解放一切尚未解放的國土，同時肅清土匪和其他一切反革命匪徒，鎮壓他們的一切反抗和搗亂行爲。

在人民解放戰爭中犧牲的人民英雄們永垂不朽！

中國人民大團結萬歲！

中華人民共和國萬歲！

中央人民政府萬歲！

毛主席萬歲！

中國人民解放軍總司令 朱德

《中国人民解放军总部命令》

未解放，新疆虽宣布和平起义，解放军尚未到达迪化(乌鲁木齐)，更不要说还有台湾，所以朱总司令的命令是有针对性的。命令宣布后，进行分列式。受阅部队以海军两个排为前导，接着是一个步兵师、一个炮兵师、一个战车师、一个骑兵师相继跟进。空军包括战斗机、蚊式机、教练机共14架在全场上空自东向西飞行受阅。前后历时3小时。

难忘的群众大游行

整个阅兵结束后，群众游行开始。一批批群众队伍，无不迫切希望走到城楼前，看到衷心敬爱的毛主席。天很快黑了下来，天安门楼上的灯光突然照亮，上面是一串红橙色的灯，下面好像是三道粉青色电虹灯，再加上巨大的探照灯光射向全场，灯光闪闪，好似波浪。

等到8点多钟，华北革大七八千人的队伍才在华北大学之后行动。队伍慢慢走近金水桥，只听见城楼上扩音器传出“万岁”、“万岁”的声音，才知道是毛主席在回应华大同学的欢呼。我们紧跟着走过金水桥，大声高呼“毛主席万岁”，这时才见到城楼上大宫灯前毛主席那魁梧的身躯，他不戴帽子，挥动着手用湖南口音高呼“万岁”，有时还喊“同志们万岁”，这时我们都感到毛主席看见我们了，口号喊得更为起劲，血都要沸腾了。我们还看到少奇同志，看到他身旁的女同志，我们猜一定是宋庆龄副主席。我们把手举到头顶鼓掌，主席台的领导人也鼓掌，人民的领袖们真是和我们心连心。

这就是有历史意义一天的实录。

要补叙一句：把10月1日定为中华人民共和国国庆日并不是在开国大典之日。10月9日全国政协委员会举行第一次会议，患病缺席的马叙伦委员托许广平委员提出建议：定每年10月1日为国庆，获得通过。但只作为建议送政府决定。同年12月2日中央人民政府委员会召开第四次会议时决定接受此建议。从此“十一”成为我们伟大祖国的国庆节，至于现在的国徽一直到1950年9月20日才以毛主席命令的形式公布。

(选自《炎黄春秋》1999年第10期)

开国大典前夜，毛泽东都在做什么？

／何建明

“这是中华人民共和国开国大典前夜的事情。”李银桥回忆说。

自1949年3月25日，中央机关从西柏坡迁移到北京后，毛泽东一方面仍在指挥彻底捣毁蒋家王朝的渡江战役，另一方面即在着手筹备新中国成立的诸多大事。打6月份召开新的政治协商会议筹备会后，毛泽东所在的住处始终客来人往。这期间，卫士们见毛泽东比任何时候都忙，常常不能正常地吃饭、睡觉，可他精神也比任何时候都好。

9月10日，中国人民政治协商会议第一届全体会议在北京举行。为了开好这次会，同各界人士商议和起草好《共同纲领》，毛泽东又是一连几天几夜没合眼。9月30日，距开国大典仅有十几个小时了，可这天下午，毛泽东参加完人民英雄纪念碑奠基仪式后，回到住所三下五下地吃完一顿“辣椒加臭豆腐”的美餐后，叫来李银桥，让他给梳头。

“唔，这下老头子要睡觉了！”卫士们兴奋地议论起来，谁知不出半小时，李银桥便阴着脸回到值班室。

“怎么样，主席睡了吗？”卫士们急不可待地问道。

“看来又没戏了！”李银桥摇摇头，说，“我以为我的‘阴谋’又要得逞了，谁知他根本不理这茬儿，说，‘银桥，你这帮我一梳，足以使我坚持七八个小时。’”

1949年9月30日下午6点，毛泽东和政协第一届全体会议的代表在天安门广场为人民英雄纪念碑举行奠基典礼。图为毛泽东、朱德为念碑奠基

“快想想办法吧！”卫士孙勇冲着李银桥说，“银桥，你是治老头子的‘智多星’，快拿主意呀！”

这时，电话铃响了。李银桥抄起电话。

“喂，是小李吗？主席睡了没有呀？”是周恩来的声音。

李银桥有气无力地回答：“报告周副主席，主席就是不肯睡。我们怎么劝也没用。”

“那怎么行！不行呀！小鬼，再过十来个小时，主席就要上天安门的，唉！”

电话里传来一声长叹以后，便是许久的沉默。周恩来似乎也有点束手无策了。

“哎，叫周副主席来，主席准听他的！”警卫排长阎长林用胳膊轻轻地捅了一下李银桥，在他耳边轻声说道。

李银桥似乎一下子反应过来，把电话迅速提到嘴边：“周副主席，主席听您的，您来劝劝他吧！”

“好吧，我马上就到，你们准备一下。”对方搁下了电话。

卫士们欢呼起来，有周恩来到，毛泽东睡觉就有希望。

周恩来真是神速，仅三四分钟便来到了毛泽东的住处。

“你们谁值班？马上准备些安眠药，另外一定要给主席按摩好。”说完，他便走进毛泽东的办公室。

大约过了五分钟，周恩来走出毛泽东办公室。

卫士们赶忙问：“怎么样，主席同意睡觉了？”

“并不那么乐观。”周恩来对卫士们说，“我还有事，不能在这里久待，过一小时后你们再进去，一定要想尽办法让主席睡觉。要是出了大事，我找你们是问！”

卫士们从周恩来的话中猜测道，大概毛泽东答应再工作一个小时后便休息，于是，刚满一个小时，李银桥便走进毛泽东办公室。

毛泽东依然伏案疾书着，根本没有半点想“罢休”的样子。于是，李银桥便轻轻地提醒道：“主席，又过一个小时了，天空已经开始发白了。”

“嗯。”毛泽东嗯了一声后，毫无反应。瞧着毛泽东全神贯注的样儿，李银桥不敢轻易打扰，不得不又退了出去。

“银桥，周副主席在半个小时里来了三次电话问主席睡了没有，可怎么办好啊？”阎长林对拉长了脸的李银桥说。

李银桥一声不吭，忽儿坐下，忽儿又站起来，他在屋里来回走了半天，末了，又折身进了毛泽东办公室。

“主席您……”他着实有些赌气似的张开嘴，连头都没抬。

“怎么，我不睡觉你有情绪啦！”不想，这次毛泽东主动放下笔，伸了伸懒腰，站起来说道。

“不不……主席。”李银桥顿时转忧为喜。他熟悉毛泽东的每一个生活习惯和细节。他知道毛泽东要准备睡觉了。

李银桥赶忙弄好洗澡水，十分钟后，待毛泽东从院里散步回屋，他立即服侍毛泽东洗了个热水澡。上床后，李银桥照例上前为毛泽东按摩，可是却被毛泽东挡住了，说：“没事了，银桥，你也休息一会儿，下午1点叫我起床。”

一点整，毛泽东没有按铃。李银桥轻轻地走进他的卧室。

“主席！主席！”李银桥叫了两声。

“嗯？”毛泽东睁开了眼皮，他看见了李银桥。“怎么，1点了？”

“是的！”李银桥一边答道，一边帮毛泽东靠在床栏上。然后端上一杯热茶，放在床头柜上。

起床吃茶、看报，这是毛泽东的习惯，开国大典的“伟大日子”，他也不例外。

“主席，1点半了！”李银桥掐着表，打断了毛泽东的读报，替他穿上那件以后几十年里一直铭刻在中国人民心头的“开国大典毛式制服”。

2点50分，李银桥扶着毛泽东，走完一百个台阶，与中央其他领导一起，登上了天安门城楼。

3点整，毛泽东走到麦克风前，庄严地向全世界宣告：“中华人民共和国中央人民政府成立了！”这声音至今仍在十几亿人民的心头响彻着。

从下午3点开始的大典到晚上的焰火晚会，毛泽东整整在天安门城楼上待了六七个小时。

11点，毛泽东回到菊香书屋。李银桥赶忙替他脱下制服，解下皮鞋。“主席，您今天在城楼上始终神采奕奕，精神饱满。”

毛泽东听后也很高兴地说：

"是的，看到人民，看到翻身做主后的人民喜气洋洋的情景，我精神好着呢！"毛泽东将头微微向上一仰，双目光亮地看着上空。他在想什么？想他的共和国？想他的人民？想他的延安窑洞？还是……

顷刻，毛泽东将奔腾的思绪收拢回来。他认真地说："银桥，今天要感谢你早上给我的一觉。"

"不，是周副主席的功劳。"李银桥说，"是他劝后您才同意睡的！"

毛泽东点头称道："是，恩来这个人做什么事总是想得那么周到。不过也得给你记一功。"

（摘自何建明：《红墙警卫》，作家出版社2010年版）

油画《开国大典》4次被迫修改的内幕

／吴继金

曾经受到毛泽东主席大加称赞的油画《开国大典》，作为现代油画的经典作品，一直被誉为"共和国成立的艺术见证"。它是表现新中国成立这一重大革命历史题材的艺术作品，它将毛泽东宣布中华人民共和国成立的这一历史瞬间定格在画布上。

《开国大典》这幅凝结了人民热爱新中国情感的具有纪念碑式意义的精品画作，其命运却异常坎坷。它与共和国的命运是息息相关的，在一次次的运动中，它数次被迫修改，其作者董希文也因种种政治原因而饱受磨难。

受命创作

1951年7月1日，是中国共产党成立30周年纪念日。作为新中国成立后的第一个重要的党庆节日，中央决定举办一系列隆重的纪念活动，其中之一就是举办党庆画展。这为历史巨作《开国大典》油画的诞生埋下了伏笔。

1951年初，中国革命博物馆遵照中宣部、文化部的指示，开始筹备建党30周年绘画展览。经过几个月的征集准备，画家们为这次展览拿出了近百件绘画作品，但结果并不令人满意，体现共和国成立的气氛不够。于是，1952年，中国革命博物馆决定委托中央美术学院组织完成一批表现新中国的油画，其中有巨幅油画《开国大典》。中央美院把这项艰巨的任务交给了37岁的青年画家、知名教授董希文。

董希文生于浙江绍兴，曾在苏州艺专、杭州艺专等地学习过，后又到西南、西北地区学习创作。他在敦煌莫高窟临摹壁画达3年之久，画作多次得到徐悲鸿等众多著名画家的好评。董希文接到任务后，通过对开国大典的

董希文(1914—1973)，浙江绍兴人，受毛主席赞誉的油画大家，国家文物局规定的“作品一律不得出境”的六位大师之一

电影、摄影、图片资料的研究，认为资料里的领导人和广场上的群众不在一个图景中，不合乎自己的想法。在他的想象中，这幅画应该是新中国开国领导集体与广场群众同在一个画面的构图。他决定打破写实的限制，采用一种表现派和现实派相结合的大胆的艺术处理手法，按自己的理解去选择画面构图。

董希文先画了一张草图，并经常揣着这张画稿，虚怀若谷、不耻

下问地征求美术界及文艺界人士的意见。草图上，董希文创造性的突破有两个：一个是除毛主席侧身站在靠近中间位置外，其他领导人都站在左边三分之一的画面里，而右边是广场群众，这样左实右虚相差悬殊的布局按一般构图规律来看有失平衡，但却能更好地突出节日气氛；另外一个是按正常规律，在毛主席的右前侧应有一根大红柱子，但草图中被抽掉了，广场显得更为开阔。为了慎重起见，董希文请教了几位建筑学家。梁思成这样评价："画面右方有一个柱子没有画上去……这在建筑学上是一个大错误，但在绘画艺术上却是一个大成功。"

在《开国大典》的创作过程中，董希文呕心沥血、夜以继日地辛勤工作。为了节省时间，他常在画室的椅子上过夜。由于房间太小，画幅上接房顶，下贴地板，作画时他得一会儿爬上房顶，一会儿躺在地上。他的女儿董一沙说："《开国大典》动笔以后，父亲常常是没日没夜地画。那时，他抽烟抽得很多，没半天工夫，烟灰缸就满满的了。在他画得入神的时候，喊他吃饭，都听不见，家里人都知道，这时候绝不能打扰他，只好先把饭留起来。"

1952年，董希文在北京西总布胡同一间普通的房间里，以高昂的热情、精湛的艺术技巧，只用了两个月时间就独立创作出了革命历史油画《开国大典》。

为了艺术性地反映这个有着重大历史意义的庄严庆典，他没有局限于人眼所看到的实际场面，而是采取了从天安门城楼向南看的角度，使得天安门广场和大片碧蓝的天空展现在观众面前。为了开阔视野，他把按一般透视规律应该看到的一根廊柱抽去，使画面顿觉敞亮起来，展现出一个真正的泱泱大国的气象。

画面上，毛主席站在天安门城楼的中央，正在麦克风前庄严地宣读《中华人民共和国中央人民政府公告》。背后站着刘少奇、朱德、周恩来、董必武、宋庆龄、李济深、张澜、林伯渠、郭沫若等各界代表，他们胸前佩戴着代表的红签，脸上呈现出聆听着《公报》的激动心情。广场上红旗如林、绚丽多彩，整齐的队伍和严肃的标兵显得庄严、隆重、热烈。城楼上左面的一排大红柱子及大红宫灯，崭新的紫红地毯、盛开的菊花，朵朵的白云和天空中翱翔的白鸽，无不象征着我们伟大祖国的独立、自由、繁荣、昌盛与和平。远处升起的五星红旗，标志着中华民族数千年封建制度的结束，也是我们古老民族的新生。

《开国大典》在色彩的构思和运用上大胆地运用碧蓝、大红、金黄组成基调，用蓝、棕、绿调和。《开国大典》的天空画得干净利落，明朗美丽至极。他的女儿董一沙介绍说："父亲画天安门城楼上的地毯时，为了增强地毯的质感，在颜料中掺上锯木的木屑和沙子，增强了地毯的质感。画中张澜长袍上的褶皱看上去是特意熨平折好，专等到庆典才穿上去的。还有汉白玉的栏杆故意没有画得很白，而是偏黄，是为了体现中国是有几千年历史的古国……"

《开国大典》的成功，无疑首先在于题材的重大和思想的深刻。但要表现这样一个伟大的历史性场面，如果画家没有深刻的感受，没有多方面的艺术修养，没有非表现不可的大决心和巨大的毅力，简直是不可能的。

广泛影响

《开国大典》作为表现重大革命历史题材的作品，作为歌颂新中国成立的世纪杰作，从它诞生那天起就备受人们的关注。它问世后，《人民日报》在头版重要位置发表了油画《开国大典》。人民美术出版社立即把它印成年画和各种美术图片大量发行，印数达100多万张，并收入当时的中小学课本。

《开国大典》受到了毛泽东、周恩来等党和国家领导人的肯定和称赞。一天，周扬等领导带董希文去中南海汇报，见到了毛泽东、刘少奇、周恩来、董必武等国家领导人。当他们一起看到《开国大典》时，几位国家领导人都很兴奋。毛泽东点头赞道："是大国，是中国。"他还自豪地说："我们的画拿到国际上去，别人是比不了我们的，因为我们有独特的民族形式。"

《开国大典》被收藏在中国革命博物馆展览厅。这幅画展出后，在艺术界和社会上都引起了很大的反响。徐悲鸿作出了很高的评价，他说："董希文圆满地完成了任务，应得一百分。"但他同时也以西洋油画的传统标准做了后半句评价："也应扣掉五分，因为缺少一点油画特色。"这里所说的"缺少一点油画特色"，是指这幅画在很大程度上运用了中国传统画的手法和风格。但这恰恰被很多画家认为正是《开国大典》的成功之处。如果按传统油画用光和设色的手法去创作，这幅画就不会有这种热烈的气氛。艾中信说："《开国大典》在油画艺术上的主要成就是创造了人民大众喜闻乐见的中国油画新风貌。这是一个新型的油画，成功地继承了盛唐时期装饰壁画的风采，体现了民族绘画特色，使油画朝着民族化的方向发展。"至此，绘画界掀起了董希文所一直倡导的"油画中国风"。《开国大典》无疑成为这一理论的典范之作，而这种思潮一直影响至今……

《开国大典》是新中国成立不久随即和广大群众见面并博得广泛称誉的革命历史画。董希文精心设计的这件新颖的油画被艺术界人士所普遍推崇，成为他生平最重要的代表作，也是他的成名之作，使他在国际上也获得了声誉。自从《开国大典》问世，这幅洋溢神州风采的油画，揭开了新中国美术史册的第一篇章。

多次修改

作为一幅反映重大历史事件主题的政治绘画作品，人们欣赏《开国大典》，正是因为它形象地揭示了光辉灿烂的中华民族新世纪。它不仅鼓舞了中国各族人民的自信心和自豪感，同时也震撼着世界人民的心坎，为新中国从此屹立于东方而同心欢庆。但在后来的历次政治运动中，画中人物的命运就决定了此画的命运，同时又牵涉到画家的命运。随着政治风向的变化，《开国大典》这幅画被迫数次修改，这在绘画史上是少见的。其作者董希文因这幅作品而声名鹊起、名扬全国，也因这幅作品而在“文革”中遭到打击迫害，饱受政治磨难。

《开国大典》完成后才三年，就发生了“高饶事件”。作为国家副主席、政治局委员的高岗于1954年初被撤销职务，8月自杀身亡，此后又被开除出党。中国革命博物馆要求董希文修改《开国大典》，将画面上的高岗形象抹掉。《开国大典》中的第一排领导人全是国家副主席，从左至右依次是：朱德、刘少奇、宋庆龄、李济深、张澜、高岗。因为高岗站在前排最边上，为了不使画面损坏，董希文在其他油画上做了多次实验后才动笔，删掉了高岗的画像。

“文化大革命”开始后，刘少奇成了党内最大的“走资本主义道路的当权派”而被打倒。革命博物馆通知董希文在画面上去掉刘少奇。这个修改工程就更难了，因为不是简单地去掉一个人，而且要另外补上一个人，还要牵动旁边的人。更为难的是，董希文此时已得了癌症，手术后虽然情况尚好，但体力衰弱，实在难以负担这样繁重的精神和体力劳动。然而他仍然抱病奉命到博物馆亲自进行修改，在刘少奇的位置上改画了董必武。很遗憾，等到刘少奇得到平反昭雪之日，董希文已不幸逝世，他再也不能亲自在《开国大典》上恢复刘少奇的形象了。

“文革”后期，又有人想抹掉画面中的林伯渠（1945年以来的政治局委员），因为他在延安时曾反对毛泽东和江青结婚。这时董希文已去世，就找到了靳尚谊，靳尚谊不

《开国大典》(修改后没有刘少奇形象的)

忍修改原作，就重新复制了一幅，这是此画的第四稿。

粉碎“四人帮”后，随着刘少奇的平反，本着实事求是、还历史本来面目的原则，中国革命博物馆征得上级同意，决定将《开国大典》恢复原貌。但董希文的原作因在“文革”中蒙受不实之词的连累，作了很大的改动，难以恢复原貌，董希文家属也不同意在原作上再改动。博物馆只好委托著名画家靳尚谊修改，当时靳尚谊忙于其他事情，便推荐了北京青年画家阎振铎、叶武林。他们在《开国大典》的复制品上画上了刘少奇和高岗。至此，《开国大典》终于恢复原貌——这就是我们今天在中国革命博物馆展览厅里所见到的《开国大典》(复制品)，而原作则存放在中国革命博物馆的画库里。

《开国大典》历经风风雨雨的磨难，在不同的政治气候下显现出不同的面貌，它是特殊时期被扭曲的艺术和政治关系的最有力的证明，是共和国历史的见证。

(选自《文史春秋》

2006年第4期)

新中国为何定都北京 /张平均

中国的版图像一只昂首挺立的雄鸡，在雄鸡的胸部有一颗闪闪的红星，这就是我们伟大祖国的首都——北京。北京就地理位置，并不处于全国的中心，那么，新中国为什么要定都北京呢？

定都北京的历史背景

北京原名叫北平，1949年9月改为北京。简称京，是一个具有悠久历史的文明古都，早在三千年前周朝时，燕诸侯国就定都北京，称之为蓟。后来，辽、金、元、明、清均定其为国都。这座著名的历史文化名城，与西安、洛阳、开封、南京、杭州并列为中国六大古都而闻名于世。

以毛泽东为首的中共领导人非常熟悉中国的历史，更熟悉北京的历史，并为北京悠远久长的历史文化底蕴所折服。早年毛泽东曾两次来过北京。第一次是1918年8月19日，因准备去法国勤工俭学之事，到京后借住在地安门内豆腐池胡同的杨昌济家。后来，他突然宣布不去法国，便由蔡元培介绍给李大钊，安排在北京大学图书馆工作，半年后，1919年3月12日告别北京；第二次是1919年12月18日，毛泽东作为湖南民主运动的领袖人物带驱张代表40人到北京的。这次来的目的是争取全国特别是北京各界对湖南人民驱逐军阀张敬尧的支持。两次北京之行，使毛泽东对北京的古老文化、美丽风光及那些凝聚中华民族智慧的宏伟建筑充满了自豪感。

定都北京的政治背景

定都北京最重要的动因还是从政治上考虑的。蒋介石政权定都南京，毛泽东把人民的政权定都北京，这种针锋相对的"一南一北"，既反映出毛泽东鲜明的伟人个性，更反映出两种不同政权的根本对立。毛泽东明确地讲过："蒋介石的国都在南京，他的基础是江浙资本家。我们要把国都建在北平，我们也要在北平找到我们的基础，这就是工人阶级和广大的劳动群众。"

从政治上考虑定都北平，毛泽东也是经过深思熟虑的。1948年9月8日，中共中央在西柏坡召开了九月会议，这是从日本投降以后到会人数最多的一次政治局会议。这次会议上，毛泽东根据中国革命的进程，提出了大约用五年左右的时间（从1946年7月算起），从根本上推翻国民党反动政府的日程表。对彻底推翻国民党反动统治，中共要建立一个什么样的国家政权，毛泽东指出：我们是人民民主专政，各级政府都要加上"人民"二字，各种政权也要加上"人民"二字，如法院叫人民法院，解放军叫人民解放军，以示与蒋介石政权的根本对立。人民民主专政的国家政权不同于蒋介石独裁专制的国家政权，所以，在国都选择上，决不能将中华民国的首都南京作为新的人民共和国的首都。在这次会议期间，毛泽东同当时负责一兵团在山西作战的徐向前进行过谈话，谈话中透露出毛泽东和平解放北平与定都北平的心愿。毛泽东对徐向前说："如果阎锡山同意和平解放太原，那么，请他把军队开到汾孝一带，我们的部队开进太原，麻烦就少了。"

徐向前答道："恐怕不太容易。我们曾采取多种方式争取和平解放太原，还动员阎锡山的老师带了以我的名义写给他的信，进太原找老阎。结果他不但不听劝，反而不顾师生情谊，把那位年近八旬的老秀才给杀了，可见他顽固得很。”

毛泽东听后缓缓点了点头，若有所思地讲：“看来太原不打是不行了，最好北平不要打。”“北平不要打”，目的是完整保存北平，以做未来人民共和国的国都。

为了实现北平和平解放，毛泽东指示要动员一切力量，积极做好北平守军长官傅作义及上层军官的统战工作。在中共强大的军事、政治攻势下，傅作义于1949年1月20日宣布接受和平改编，1月31日人民解放军开进北平，北平和平解放，古老的北平城得以完整保存。北平所有名胜古迹，都受到了保护，没有遭到任何损失，城市里的生产和生活秩序一切正常。

党内正式决定定都北平，是在1949年3月召开的中共七届二中全会上提出的。七届二中全会提出党的工作重心必须从乡村移到城市，提出要进行广泛的城市经济建设。在这一背景下，毛泽东提出定都北平。他讲：“我们希望四月或五月占领南京，然后在北平召集政治协商会议，成立联合政府，并定都北平。”

定都北京的国际背景

定都北平还有一个十分重要的原因，那就是从国际安全和国际政治格局方面考虑的。

1949年年初，东北局城市工作部部长王稼祥抵达西柏坡的当日，就与夫人朱仲丽一起去看望毛泽东。毛泽东问他：我想听听你的意见，我们的政府定都何处？历朝皇帝把京城不是定在西安就是开封，还有南京或北平。我们的首都定在哪里最为合适呢？

王稼祥作了片刻的思考，然后回答说：“能否定在北平？”毛泽东要他谈一下理由。王稼祥分析说：北平，离社会主义苏联和蒙古人民共和国近些，国界长但无战争之忧；而南京虽虎踞龙盘，地理险要，但离港、澳、台近些；西安又似

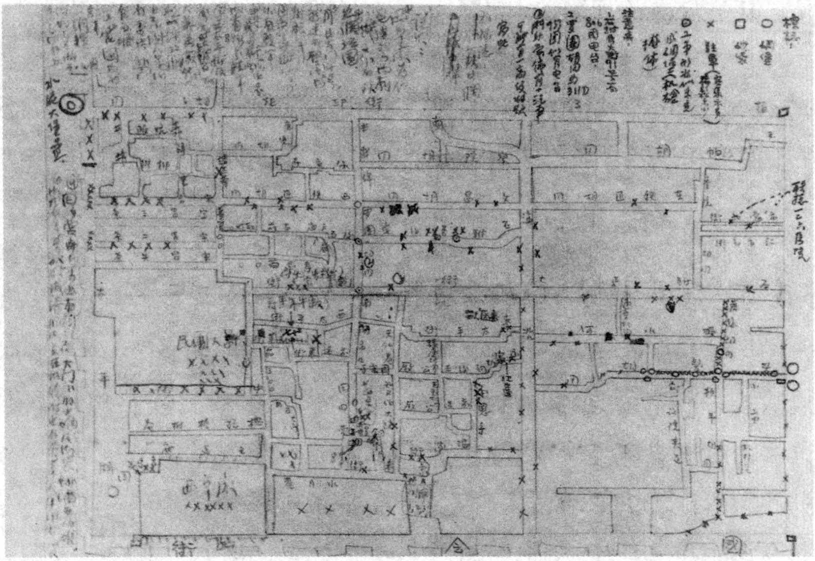

中共北平地下组织绘制的国民党军部署图

乎偏西了一点。所以，我认为，北平是最合适的地方。王稼祥的看法与毛泽东以及其他中共领导人的看法不谋而合，完全相同。这种见解上的一致，正是建立在对当时国际政治格局和国家安全战略认识上的。

在当时，按照薄一波的说法就是，"我们党要取得革命胜利，主要靠自力更生，也离不开国际的援助，首先是苏联为首的社会主义阵营的援助。"定都北平正好可以更为方便、直接地得到社会主义阵营的援助。这是中国共产党建立新中国前后的一个基本方针。这一方针直接影响到了中共对定都的选择，而且在定都上，中共与苏共领导人也交换过意见。

斯大林委派苏共中央政治局委员米高扬于1949年1月31日飞抵西柏坡，听取中共中央的意见。毛泽东和刘少奇、周恩来、朱德、任弼时，就战略方针、军事部署、和平谈判及其发展前途、政治协商会议、联合政府及其纲领、建都问题、经济政策及建设计划、外交根本政策及目前策略，以及中苏关系、两党关系等问题，同米高扬交换了意见。显然，在建都北平问题上，苏联是同意中共意见的。因而，在随后不久召开的七届二中全会上，中共正式决定定都北平。并在会议召开后不久，中共中央便从河北平山西柏坡途经保定、涿州于1949年3月23日迁往北平。

1949年9月21日，新中国的开国盛会——中国人民政治协商会议第一届全体会议在北平举行，来自全国各地和海外的662名政协代表聚集在怀仁堂，进行着一项载入史册的开基立业盛典。这一消息，通过新华社，通过红色的电波传遍全中国、全世界，标志着中国人民从此站立起来了，标志着新中国诞生了。1949年10月1日下午3时，在北京天安门广场举行了隆重的开国大典。毛泽东等新中国的国家领导人健步登上天安门城楼，受到了人民群众的热烈拥戴。毛主席站定后，林伯渠秘书长宣布大典开始，毛泽东走到麦克风前，环顾广场群众和观礼台上的中外来宾，接着便用他那特有的湘音庄严宣告：中华人民共和国中央人民政府成立了。这具有划时代的激昂声音，像惊雷，震寰宇。宣告了中国人民受人任意宰割、凌辱的时代一去不复返了，宣告了中华民族将以崭新的姿态巍然屹立于世界民族之林。

毛泽东作为一代伟人，高瞻远瞩，集思广益，他定都北平的设想不仅得到党的七届二中全会的认可，而且这一建议还得到新的中国人民政治协商会议的批准同意，使其具有法定效力。这就是中国共产党人在定都问题上与其他政权的根本区别。

（选自《传承》
2009年第3期）

开国大典上的外国人 /陈敦德

苏联来的代表团差点赶不上开国大典

赶来参加新中国开国大典的苏联文学家艺术家代表团是10月1日的上午才乘火车到达北京，差一点就赶不上了。

周恩来总理和中苏友协会长宋庆龄、副会长刘少奇到前门车站欢迎。团长是苏联著名作家、苏联作协总书记法捷耶夫，代表团中还有著名作家西蒙诺夫与好些有名的艺术家及高级干部，全团约有40多人。当时，因为客观环境和条件的限制，未能邀请外国的政府代表团或政党代表团参加。这个苏联的民间代表团，与已经在京的朝鲜人民代表团，加上一个来解放区访问的意大利共产党中央委员斯巴诺，是有幸出席开国大典的仅有的外国人了。苏联的代表团刚刚安顿下来，下午就兴奋地登上了天安门城楼。

据担任翻译的师哲回忆，开国大典后的10月2日或3日中午，毛泽东在中南海勤政殿接见了苏联文学家艺术家代表团全体成员。这该算是毛泽东在建国后接见的第一个外国代表团。毛泽东和代表团寒暄、问好。毛泽东对法捷耶夫、西蒙诺夫说，我们解放区在很困难的条件下，也出过你们的作品；我们的干部和战士，从你们的作品中受到了鼓舞。我们建国后，再印你们的书，就将会印得好一些了。

毛泽东作了长篇的精彩讲话，会见延续了两个钟头。在师哲的回忆录里，对毛泽东的讲话作了这样的记述——

毛泽东说：人家一直叫我"土匪"，前一个时期才不这么叫了。人家一直叫"剿匪"，现在也不这么叫了。我这个"土匪"的名字丢得时间并不长。

他回顾了中国革命的历程，中国人民劳动大众、中国革命在近百年来所走过的艰苦道路，所坚持的轰轰烈烈、前仆后继、顽强不屈的革命精神。

他说，这是一条坎坷不平、曲曲折折的道路，自第一次鸦片战争到1949年彻底的解放，走了一百多年。中国的劳动人民，革命的进步分子、先驱者，抛头颅、洒热血，终于找到了真正有力的战斗武器——马列主义，吸取了十月革命的经验，推翻了压在自己头上的三座大山——帝国主义、封建主义、买办资本家势力。中国人民在解放斗争中所遇到的既有外来侵略者，也有中国统治者。

他还说，20世纪以来世界爆发的革命事件很多，最重要的就是十月社会主义革命的胜利和1949年中国革命的胜利。

毛泽东说，中国革命胜利了，"这只是中国人民在长征道路上迈出的第一步，摆在我们面前的任务和应做的事情还是很多很多的，只要不骄傲自满，坚定信心，团结一致，中国的发展和进步将会是较快的。"

他还说，中国具有的优势之一，"就是她有苏联这样一个好近邻，所以中国不是孤立无援的"。

他的讲话生动活泼，有声有色，使代表团中许多人听到动情之处都激动地流出了眼泪，师哲形容说，"出现了罕见的动人的场面"。

毛泽东建议他们到前线去看看，也许能遇到一两次像样的战

法捷耶夫,苏联著名作家,是苏联社会主义现实主义文学的杰出代表之一。他的名作《毁灭》和《青年近卫军》均于问世不久便被译成中文出版,对中国读者有较大影响

役,但特大规模的战役不会有了。

法捷耶夫因工作的关系,要早日回国,未能到前线;西蒙诺夫留了下来,随四野南下到前线。毛泽东亲自做了安排,甚至让他到了歼灭白崇禧集团的衡宝战役、广西战役前线。西蒙诺夫后来所完成的作品《战斗着的中国》,就是描述他随军南下的所见所闻和体会。

怎么突然冒出一个美国上校在拍摄开国大典

毛泽东在天安门城楼上对着麦克风向全世界庄严宣告:中华人民共和国中央人民政府成立了!

当开国大典的第一项中央人民政府的成立典礼正在进行之时,负责警戒和保卫开国大典安全的公安人员发现了异常情况:一个穿军装的美国军官正站在原美国驻北平总领事馆的门口,频频地进行拍摄。这美国军官虽说离天安门城楼的主会场较远,但离受阅部队很近。受阅解放军部队的战车师、骑兵师、炮兵师、步兵师等都列着整齐的队形一字儿摆开,集结在天安门东面长安街上。正好离东交民巷的美国总领事馆比较接近。

公安人员认为这个美国军官不享有外交官待遇,只是居住在东交民巷的侨民,并没有办理拍摄开国大典的申请,更谈不上得到批准。

对此异常情况怎么办?要不要对其采取行动?

公安人员立即将此情况向指挥部作了紧急报告。位于天安门城楼下黄房子里的指挥中心得到报告，很快就弄清楚了这个美国军人的身份：此人是原美国驻北平总领事馆武官戴维·包瑞德上校，是个中国通。此人在抗战后期曾经作为组长率领美军观察组到过延安，与毛泽东、周恩来、朱德、叶剑英都有过交往，对我党我军有过友好的态度，原来是主张美国政府也要援助中共的史迪威将军的部下。如今参加开国大典的好些高级干部彭真、陈毅等都曾在延安见过这个高个子美国上校军官。

怎么办？

考虑到这些复杂的情况，指挥中心不敢对这个非法拍摄者采取安全行动，就立即用紧急电话报告在天安门城楼上的总指挥聂荣臻。

聂荣臻接了电话，觉得这涉及外交事宜，需请示毛泽东，就走到城楼前侧栏杆旁的毛泽东面前，小声地报告了情况。

毛泽东听了说："哦，是包上校呀，我认识他。"

聂荣臻小声地问："阅兵能让他随便照吗？没收他的胶卷吧。"

毛泽东仍然望着广场上欢呼的人海，想了想，说："这样不好吧。让他照，不管他。我们这是公开的嘛，让他给我们当个义务宣传员吧。"

聂荣臻就嘱咐有关人员不予置理，但继续观察，看此人往后有没有违规的举动。后来据公安人员报告，包瑞德上校从容地继续拍照，比较守规矩，没有远离美国总领事馆的门口附近。

其实，开国大典的前一天，9月30日，包瑞德已经到天安门广场上去拍摄了一些照片。其中有一张是从天安门正面拍摄的毛泽东巨幅画像。据说，这张照片后来在美国被报刊发表了，但细心的包瑞德发觉：这张照片与10月1日开国大典及以后的天安门正面的毛泽东画像怎么会有一点不同？

这当然是包瑞德无法弄明白

开国大典时天安门挂的毛泽东像

的。原来，10月1日凌晨，周恩来到天安门检查的时候，发现城楼正中高悬的毛泽东画像是根据毛泽东自己选定的照片放大而绘制的。这是解放区老百姓很熟悉的一张照片。著名画家周令钊在绘制时，在画像的下方二尺余宽的一条白边上写了毛泽东的亲笔题词“人民的胜利”。

周恩来验收时，觉得主席不会这么不谦虚，还自己为自己题词，就指示赶快将这几个字涂掉。

这时离开国大典只有不到半天了。画师们奉命赶到现场，拆画框已经来不及了，就临时决定用颜色刷子将下面二尺余宽的白边和题字都涂成中山装的颜色。涂好之后，看了又看，觉得有点欠协调，又在中山装上添画了一个扣子。

包瑞德在9月30日所拍的那张照片，就成了很难得的绝版。

苏联摄影师拍摄的开国大典纪录片不慎被火烧了

这是几个麻黄头发蓝眼睛的苏联人。

他们可以随意地在天安门城楼上拍摄所有的人。人们注意到，连毛泽东、朱德等中央最高领导人都让他们随意拍摄，还随他们的指令作一些配合。在地面，还有一部小吉普协助他们。在天安门东侧视野最广的位置，还为他们搭了专用的高台。他们的拍摄条件，令在那高台后面颇远的美国总领事馆门前的包瑞德上校都羡慕不已。

指挥部得知他们拍的是彩色影片的电影。当时指挥部里几乎没有人看过什么彩色电影，都觉得很神秘。

这是斯大林派来的纪录电影摄影师。那是刘少奇访问莫斯科时斯大林主动热情提出来的。这次他们拍摄新中国的开国大典，得到了主人破例提供的各种拍摄方便条件。

他们的干劲很大，跑上跑下，开国大典那一天，从头到尾一直开着摄影机拍摄，机器一直响着连续而均匀的嗒嗒声。他们从毛泽东讲话、升国旗、阅兵、游行，一直拍到晚上五颜六色的礼花在夜空中闪烁，才兴高采烈地抱着几十个沉甸甸的胶片盒子，回到下榻的东华门大街的翠明庄宾馆里。这个宾馆在北平解放初是中共中央组织部的招待所。他们的这些珍贵的底片都堆放在宾馆的一个房间里。

胶片是易燃品，偏偏开国大典后没几天，这个堆放胶片的房间起了火灾！

几十本胶片几乎全烧光化成了烟。好不容易抢出来几本残片也残碎不堪，无法再用。这几个年轻人在宾馆前失声跺脚痛哭。

天啊！开国大典只能有一次呀……

据说，他们回国后受到了斯大林严厉的斥责与处分。

那个美国武官包瑞德听说他所羡慕的那些胶片全烧了，吃惊地耸了耸肩膀，极为惋惜地长长叹了一口气。

周恩来听说底片都给火烧了，在“啊”了一声之后，难受得有好几分钟都沉默着没有说话。

唯一感到幸运的是，我们自己从延安来的经历了战火考验的摄影师，拍摄了一部黑白纪录片，里面保存了开国大典的珍贵场面。

接着，斯大林又派了一个著名导演格拉西莫夫来重拍。周恩来有了教训，这回让中国电影工作者与苏联人合拍，由总政派出懂艺术的黄镇将军担任顾问，这就是中苏两国合拍的大型纪录片《解放了的中国》。

这部影片获得了斯大林奖金。

（摘自《崛起在1949：开国外交纪实》，解放军文艺出版社2007年版）

当年中外媒体是怎样报道开国大典的 /杨兆麟

全国性大报的报道充满了胜利者的自信和豪迈

当时全国性的报纸既有早已享誉国内的《大公报》、《文汇报》等，也有后起之秀《人民日报》、《光明日报》等。如果就权威度而言，中共中央主办的《人民日报》恐怕是最高的。

1949年10月1日的《人民日报》无论在报道内容还是在版面布局上，都是很有韵味的。

一是突出了新政权的领导者形象。毛泽东主席的标准像有5寸大，朱德、刘少奇等六位副主席的标准像是方2寸，均依次安排在头版，56名中央人民政府委员以1寸标准像依次在二版刊登（其中六人无照片）。

二是充满了胜利者的自信和豪迈。当日二版社论《中华人民共和国万岁》指出："前程无限光辉的中华人民共和国已经诞生，四万万七千五百万中国人民开始自己当权管理国家，我们这个古老的东方民族揭开了历史的新的巨册。"社论还强调了共和国的主体构成和奋斗目标，指出："我们中华人民共和国是新民主主义即人民民主主义的国家；政权是中国工人阶级、农民阶级、小资产

人民日報
毛主席萬歲!
人民政協第一屆全體會議選出全國委員會委員
中央人民政府成立盛典今日在首都隆重舉行
中華人民共和國中央人民政府公告
中華人民共和國中央人民政府成立
毛澤東主席宣讀中央人民政府公告
朱總司令檢閱海陸空軍宣讀人民解放軍總部命令
中國人民解放軍總部命令
不可戰勝的人民國家

《人民日报》刊登开国大典的消息

阶级、民族资产阶级及其他爱国民主分子的人民民主统一战线政权，而以工农联盟为基础，以工人阶级为领导；目标是反对帝国主义、封建主义和官僚资本主义，为中国的独立、民主、和平、统一和富强而奋斗。”当日刊登的“中国人民政治协商会议第一届全体会议宣言”指出：“中国人民已经战胜了自己的敌人，改变了中国的面貌，建立了中华人民共和国。我们四万万七千五百万中国人民现在是站立起来了，我们民族的前途是无限光明的……中国的历史，从此开辟了一个新的时代。”读着这些60年前的话语，我们深感先贤前辈是何等地真知灼见，又是何等地伟大英明！

三是突出了三个“万岁”，即《人民日报》头版上方右侧的“中央人民政府万岁”，左侧的“毛主席万岁”和二版社论“中华人民共和国万岁”。当天报道政协第一届全体会议结束时，时任中央政府第一任副主席的朱德在闭幕词中也是高呼“中央人民政府万岁！毛主席万岁！”……

四是展示了人民群众和各界的美好心情。当国旗图案在政协会议上通过后，“许多机关、团体、学校、商号以至民宅，立即自发去订新式国旗。光永茂实业公司一家，三天就做了四千多面。包揽做国旗的新建被服厂各单位，连明连夜地赶，也还是不能满足顾客的要求。顾客们成排地挤在门前急着买，一定要想在十月一日中央人民政府成立盛典时挂出来，或挂得更早一些。”这条生动的报道，从一个侧面反映出了人民群众的欢欣鼓舞。它有力地表明：一个政权的合法性，其根本在于人民群众发自内心的拥护和承认。丧失了人民群众的拥护和认可，政权也就自然而然地失去了合法性和存在的理由。

当日《人民日报》还刊登了新当选为政协全国委员会委员的著名京剧表演艺术家周信芳的发言，他说：“今天能在中国人民政治协商会议上发表自己对新中国建设的意见，感到无上的光荣与振奋。过去这种光荣是不会有的，这不仅是我个人的光荣，而是京剧界全体同仁的光荣。我相信京剧界一定不辜负政府对我们的种种关切与厚望，每个人都要自觉地把自己改造成为真正的宣传教育工作者，做好戏剧工作。”著名诗人郭沫若也发表了题为“新华颂”的诗篇，诗云：

“人民中国屹立亚东
光芒万道辐射寰空
艰难缔造庆成功
五星红旗遍地红
生者众物产丰
工农长作主人翁
使我光荣祖国
稳步走向大同”

另一位叫徐放的诗人也在“新中国颂歌”的诗中写道：

“从此
中国亮了，
从此，
世界的东方也亮了。
今天
中国是张灯结彩的中国，
世界是欢腾鼓舞的世界。”

第二天，即10月2日，《人民日报》以“中华人民共和国中央人民政府成立毛泽东主席宣读中央人民政府公告朱德总司令检阅海陆空军宣读人民解放军总部命令”醒目而抢眼的大字标题，报道了首都30万军民隆重举行开国大典的盛况。头版右侧上方照片是毛主席宣读中央人民政府公告，左侧上方照片是朱总司令乘吉普车阅兵；左侧下方是社论《不可战胜的人民国家》，其中说："全中国和全世界人民都将会永远记住1949年10月1日这一天"；中央人民政府是"唯一能够真正统一全中国、唯一能够担负新中国艰巨的建设任务的、最廉洁、最有效率和最强有力的政府。中国人民多少年来渴望着这样的政府而不可得，今天得到了。"当日第四版，全是报道阅兵和游行盛况的，图文并茂，既有飞机、坦克、大炮等阅兵照片，又有柏生、金凤等著名记者写的通讯。有一个细节甚是生动：在这万年不遇的大喜之夜，人们将此同抗战胜利日的情景加以比较，一位小贩说："那时候才有几个人，连这三分之一还不到。共产党来了，各行各业全组织起来了，这该是有多少人啊！"这说明，当时人们的兴奋程度，已超过了抗战胜利时的心情。对阅兵队伍的报道，着墨最多的是空军和炮兵，这大约也反映出人们对强大国防力量的期待。

当时的《光明日报》不属于我党领导，而是由其他党派主办的。然而，从《光明日报》的立场倾向看，它的"亲共"色彩非常浓厚，积极踊跃的态度甚至超过了我党领导的一些报纸。譬如，在10月1日这一天的报道中，《光明日报》的头版头条消息显得非常突出，标题"中华人民共和国诞生"以前所未有的大而粗的黑体，既宣示了主题，又一下子抓住了读者的眼球。这9个字之大之粗，不仅超过了《光明日报》自身的报头，而且是当时任何其他报纸包括《人民日报》的标题都无法比拟的。它似乎表达了《光明日报》特别兴奋的心情，表明了站在共产党一边的鲜明立场。当日二版，安排了以毛泽东主席像居中、朱德等6位副主席像居两边的突出版面；当日三版，安排了56位中央人民政府委员的标准像。这样的版面安排，在声势上、气魄上、胆识上，均压倒了其他所有报纸，说明《光明日报》的编辑特别富有想象力，它的编辑手

光明日報

中國人民政協首屆全會告勝利成功

中華人民共和國誕生

中央人民政府委員五十六人選出

毛澤東朱德宋慶齡等任正副主席

政協全國委會選出 首屆全會宣言通過

人民政協首屆全會電慰人民解放軍

中國人民政治協商會議第一屆全體會議宣言

社論 偉大的光榮的日子

第一屆中國人民政治協商會議全國委員會名單

1949年10月2日的《光明日报》对中华人民共和国诞生的报道

段特别富于创新形式。当日一版的社论《伟大的光荣的日子》也是写得激情澎湃，指出：

今天，当五星红旗第一次高升天空的时候，中国人民向全世界宣布：中国历史中长期的、黑暗的、混乱的、贫困的时代已经过去了，永远过去了；有组织的、进步的、光明的新时代已经到来！

旧中国死亡，新中国诞生了！

10月2日的《光明日报》继续保持昨日的高昂情绪，照样用大而粗的黑体字突出头版头条消息的主题“中央人民政府成立”；当日第四版几乎用了一个整版报道新中国第一次庆祝开国大典盛况的方方面面，其中着重突出了人民海军、空军、坦克部队和工人阶级队伍、农民队伍、青年学生队伍。

外国媒体对新中国成立的关注，冷热显得相当分明

对新生的共和国政权而言，外国媒体和外国人士中，既有友好的，又有敌对的。友好与敌对，共同存在，这应是正常的。

1949年10月3日的英国《泰晤士报》4版刊登了来自香港记者的北京报道，说：

“这是亚洲一个划时代的历史时刻，虽然不是所有的中国都在共产党的手中，但毫无疑问，无论好坏，这是拥有近5亿人民、目前世界上最大的单一同质种族群体的政府。”

报道还别有用心地说：“除了苏联，没有外国代表参加北京的开国典礼。”当然，《泰晤士报》也有一些客观报道，它称：

"共产党的新闻机构报道，约二百万人聚集在一起收听这个历史性的宣告，所有人的目光都聚集在毛泽东升起的那面新中国的标志——五星红旗，乐队演奏新国歌《义勇军进行曲》。其后，举行游行仪式。军队接受朱德将军的检阅，编队经过天安门，有的配备最新的美国大炮、坦克以及从国民党手中缴获的装甲车。共产党空军轰炸机编队飞行，烟花爆竹和其他游行活动直至深夜。有报道指出，这种欢庆活动将持续3天左右，与推翻清政府统治的'双十节'共庆。"

《泰晤士报》和美国的《纽约时报》、日本的《朝日新闻》等著名世界大报，几乎都在这几天的同样时刻，简单地介绍了毛泽东、朱德、周恩来的生平。10月1日、2日的日本大报《朝日新闻》还刊登了毛泽东、张澜、朱德、李济深、刘少奇、宋庆龄、周恩来、沈钧儒等人的照片，但未登高岗、罗荣桓等人的照片。10月4日，《朝日新闻》报道了苏联承认新中国，与国民党政府断交的消息。西方媒体中，除英国报道稍为详细外，其他国家似乎都轻描淡写，竭力缩小这一重大事件的影响。

相反，在友好国家及其媒体中，却是另有一番景象。苏联首都莫斯科各报均刊登了中国政协首届会议的消息，并全文发表毛主席的开幕词。捷克、波兰、匈牙利和英、法、丹麦等国进步报纸亦以显著位置刊登了中华人民共和国成立的消息。捷共机关报《红色权力报》全文刊登了周恩来关于共同纲领的报告。波兰华沙《人民论坛报》社论说：这在资本主义和帝国主义阵线上又打开了一个缺口；中国人民的胜利，乃是本世纪继苏联十月革命和消灭希特勒法西斯主义之后的最伟大事件。

从当时《人民日报》的国际报道中获知，第一个向中共发来贺电的外国共产党是匈牙利工人党。10月1日《人民日报》二版报道：匈牙利工人党总书记拉科西致电毛主席，祝贺中华人民共和国成立。

最早向我党致电祝贺的西方国家共产党是法国共产党和奥地利共产党。10月2日《人民日报》头版中间刊登了法国共产党总书记多列士和奥地利共产党中央主席柯仑尼、总书记贵恩柏的贺电。

新中国第一个来华访问的外国友好代表团是苏联的文化艺术科学工作者代表团，团长是著名作家法捷耶夫。

第一个发表专文，热烈赞扬新中国诞生的是英国共产党领袖波立特。新华社全文翻译了文章，并发了通稿。一些地方报纸，如《新华日报》10月1日全文刊登了这篇热情洋溢的长文。该文说："毛泽东的声音响遍了世界"。

（选自《北京日报》2009年9月28日）

中华人民共和国国徽设计始末

/祝勇

谁设计了国徽

很多年中，我们没有考虑过设计者的存在——天安门（装饰设计）、国徽，早已成为某种神圣的象征，至于谁是它们的设计者，似乎并不重要；甚至，我们觉得它们不是设计出来的，它们原本就在那里，不需要设计。

到我们结识张仃，才惊讶地发现我们的童年记忆在多大程度上受到了他的影响。我们一次次在《我爱北京天安门》的蜡笔画上重复他的设计：高高的城楼上，八个宫灯，八面红旗。我们甚至笨拙地把红旗飘动的方向画得左右对称，东西相反——既违反常识，又是拙劣的篡改。天安门成了我们最明亮的记忆。很多年中，我们都认为毛主席就住在天安门上，一到国庆节，他就出来向群众招手。我们那时积攒的老邮票，像《中国人民政治协商会议纪念》、《中华人民共和国开国纪念》、《中华人民共和国成立十周年》这些纪念邮票，《天安门图案》这些普票，甚至轰动一时的鸡年生肖票等，居然都是张老的设计，这些要到很多年后，才被我们知道。

有人说天安门城楼的装饰设计由两个日本人完成，有人把国徽的设计归于梁思成、林徽因的账下，他从不辩驳什么。它们已经成为一个民族的图腾，至于谁是它们的设计者，似乎并不重要——他会这样想，也许。

21世纪之初，国徽设计的公案又浮出海面。许多当事人，许多报刊，都发表了彼此矛盾的观点。林洙在《建筑师梁思成》一书中延续了梁思成、林徽因为国徽设计者说，任继愈认为是高庄，也有人说是张仃。

逼仄的客厅里，堆满了书籍资料。台灯的光晕，使他的白发格外醒目。在我们的再三逼问之下，张老终于开始回忆五十多年前的时光——昔日那个激愤、悲观和忧郁的漫画家，正沉浸在革命成功的大喜悦中。他看到了山河一片大红的祖国，也看到了欣欣向荣的希望。1949年，张仃应周恩来之邀住进中南海，负责对怀仁堂、勤政殿的改造，并愉快地承担了设计中华人民共和国国徽和政协会徽，以及开国大典的天安门城楼设计装饰的重任。

1949年7月，政治协商会议筹备会常务委员会决定公开发布《征求国旗、国徽图案及国歌词谱启示》，对国徽的设计提出三点要求：一，中国特征；二，政权特征；三，形式庄严富丽。

据1949年8月5日下午三时半在北京饭店六楼大厅召开的政协第六小组（拟定国旗、国徽、国歌方案）第二次全体会议记录，当时已经收到设计稿28份，但皆因不符合上述三条原则而被否定。于是，成立了两个专家小组设计国徽，一个

张仃，现当代著名的艺术大家，曾参与国徽设计

是以林徽因为首的清华大学营建系专家小组，另一个是以张仃为首的中央美术学院专家小组。

张仃从一开始就确定了用天安门做国徽主要图案的设计思想。这一设计思想以后逐步得以完善。而梁思成则坚决反对以天安门为国徽主要图案，而主张以璧为国徽图案。从中央档案馆，我们查到了两个设计小组阐述各自设计理念的重要史料，大体可以了解当时双方的论争。

清华大学营建系的《拟制国徽图案说明》全文为：

拟制图案以一个璧（或瑗）为主体，以国名、五星、齿轮、嘉禾为主要题材；以红绶穿瑗的结构衬托而成图案的整体。也可以说，上部的璧及璧上的文字，中心的金星齿轮，组织略成汉镜的模式，旁用嘉禾环抱，下面以红绶穿瑗为结束。颜色用金、玉、红三色。

璧是我国古代最隆重的礼器，周礼："以苍璧礼天。"说文："瑗，大孔璧也。"这个璧是大孔的，所以也可以说是一个瑗。荀子大略篇说："召人以瑗"；以瑗召全国人民，象征统一。璧和瑗都是玉制的，玉性温和，象征和平。璧上浅雕卷草花纹为地，是采用唐代卷草的样式。国名字体用汉八分书，金色。

大小五颗金星是采用国旗上的五星，金色齿轮代表工，金色嘉禾代表农。这三种母题都是中国传统艺术里所未有的。不过汉镜中的连弧纹，与齿纹略似，所以作为齿轮，用在相同的地位上。汉镜中心常有四瓣的钮，本图案则为五角的大星;汉镜上常用小粒的“乳”,小五角星也是乳的变形。全部做成镜形,以象征光明。嘉禾抱着璧的两侧,缀以红绶。红色象征革命。红绶穿过小瑗的孔成一个结,象征革命人民的大团结。红绶和瑗结所采用的褶纹样式是南北朝造像上所常见的风格,不是西洋系统的缎带结之类。

设计人在本图案里尽量地采用了中国数千年艺术的传统,以表现我们的民族文化;同时努力将象征新民主主义中国政权的新母题配合,求其由古代传统的基础上发展出新的图案;彩色仅用金、玉、红三色;目的在求其形成一个庄严典雅而不浮夸不艳俗的图案,以表示中国新旧文化之继续与调和,是否差强达到这目的,是要请求指示批评的。

这个图案无论用彩色,单色,或做成浮雕或做成钢印都是适用的。

这只是一幅草案,若蒙核准采纳,当即绘成放大的准确详细的正式彩色图,墨线详图,和一个浮雕模型呈阅。

集体设计

林徽因雕饰学教授,作中国建筑的研究

莫宗江雕饰学教授,作中国建筑的研究

参加技术意见者

邓以蛰,中国美术史教授

王逊,工艺史教授

梁思成,中国雕塑史教授,作中国建筑的研究

1949年10月23日

张仃也拿出了他的设计方案。他在《国徽应征图案设计含义》中阐述道:

一、红色齿轮,金色嘉禾,象征工农联盟。齿轮上方,置五角红星,象征工人阶级政党——中国共产党的领导。

二、齿轮嘉禾下方结以红带,象征全国人民大团结,国家富强康乐。

三、天安门——富有革命历史意义的代表性建筑物,是我国五千年

梁思成、林徽因设计的国徽图案

最终确定的国徽

文化，伟大，坚强，英雄祖国的象征。

梁思成反对张仃以天安门为国徽主要图形的方案，主要理由是：一，天安门是具体建筑物，不宜成为徽标图案，否则像一幅风景画，不够严肃；二，天安门是封建帝王的象征。

对此，张仃在他所附的《设计人意见书》中作如下表述：

在国徽草案设计过程中，因清华大学梁思成诸先生亦在进行设计，为互相充实设计内容与表现形式，故一度交换意见，对梁先生之设计理想，颇表钦佩，我们的设计接受了梁先生很多宝贵意见，但与梁先生意见相左部分，仍加保留。故附上意见书，作为补充说明；

一、关于主题处理问题

梁先生认为：天安门为一建筑物，不宜作为国徽中构成物，图式化有困难，宜避画成一张风景画片，要变成次要装饰。

设计人认为：齿轮，嘉禾，天安门，均为图案主要构成部分，尤宜以天安门为主体，即使画成风景画亦无妨(世界各国国徽中画地理特征的风景画是很多的)，不能因形式而害主题。

二、关于写实手法问题

梁先生认为：国徽造型最好

更富图式化、装饰风，写实易于庸俗。

设计人认为：自然形态的事物，必须经过加工，才能变成艺术品，但加工过分或不适当，不但没有强调自然事物的本质，反而改变了它的面貌，譬如群众要求的嘉禾式样是非常现实的，又非常富于理想的，金光闪闪，颗粒累累。倘仅从形式上追求，无论出自汉砖也好，魏造像也好，不能满足广大人民美感上的要求的，写实是通俗的，但并不是庸俗的。

三、关于承继美术历史传统问题

梁先生认为：国徽图案应继承美术上历史传统，多采用民族形式。

设计人认为：梁先生精神是好的，但继承美术上历史传统，应该是有批判的，我们应该承继服务人民的部分，批判反人民的部分——这是原则，更重要的：不是一味模仿古人，无原则歌颂古人，而是"推陈出新"。

梁先生认为：国徽中彩带仿六朝石刻为高古，唐带就火气重了。

设计人认为：六朝的，唐的石刻造型都可取法，看用于什么场合，有些六朝石刻佛像彩带，表现静止，确是精构，倘用在国徽中，就太静止了，而唐之吴带是运动的，所谓"吴带当风"，国徽彩带采用这样精神，正适应革命人民奔放感情的要求。

四、关于色彩运用问题

北京朱墙、黄瓦、青天，为世界都城中独有之风貌，庄严华丽，故草案中色彩，主要采朱、金(同黄)、青三色，此亦为中国民族色彩，但一般知识分子因受资本主义教育，或受近世文人画影响，厌此对比强烈色彩，认为"不雅"(尤其厌群青色，但不可改为洋普蓝，及孔雀蓝，否则中国气味全失，且与朱金不和)。实则文人画未发展之前，国画一向重金、朱，敦煌唐画，再早汉画，均是如此。更重要的是广大人民，至今仍热爱此丰富强烈色彩，其次非有强烈色彩，不适合装饰于中国建筑上，倘一味强调"调和"，适应书斋味，一经高悬，则黯然无光，因之不能使国徽产生壮丽堂皇印象。

设计者：张仃

提供技术意见者：张光宇、周令钊

助理绘图者：曹肇基

通讯处：中央美术学院

1950年6月15日

现在看起来，张仃当初的构想大多数都体现在沿用至今的国徽上。应当说，张仃是国徽的创意者，而林徽因等则为其最终完善者。周恩来亲自找梁思成谈话，说服他接受张仃以天安门为国徽主体的设计方案，并委托清华大学营建系最终完成国徽图案的制作(参见《国徽诞生记》，《文汇报》1995年10月17日)，这不仅因为画家绘制的天安门仅为目测而非实测，比例不准，而梁思成、林徽因30年代在营造学社工作时曾亲自测绘过天安门，清华营建系的制作技术手段在国内又首屈一指，同时也表现出周恩来高超的领导艺术，使这项具有历史意义的设计最终由两个小组集体完成。而天安门城楼上悬挂的第一枚国徽，则是张仃亲自跑到前门外，找到一位雕刻师傅，制作的一枚木制国徽。

张仃从未出面澄清过关于国徽设计的一些传闻，如果不是从档案馆查到当时两个小组的设计说明，我们甚至无从知道曾经有着两种方案之争。

(选自《检察日报》
2009年9月18日)

新中国开国那一天的人和事

/戚义明 董会祥

1949年10月1日这一天的喧闹和激动，是午后才开始的。上午，阳光明媚，中南海里还是一片宁静。前一夜，毛泽东彻夜未眠，一直伏案工作到清晨6点多，才在值班卫士的再三催促下开始睡觉。一宿未眠的还有周恩来，他一直在忙着检查开国大典的最后准备工作。清晨他三次打电话让值班卫士劝毛泽东早点休息。

下午1点，毛泽东被卫士叫醒。他穿上一套黄呢子中山装，显得神采奕奕。2点，毛泽东在中南海勤政殿主持召开中央人民政府委员会第一次会议，中央人民政府宣告成立。随后，毛泽东和刘少奇、周恩来、朱德等中央人民政府委员会全体委员，分别乘车驶向天安门。

下午3点，开国大典开始。这是一个日后人们在荧屏上反复回味的经典画面：毛泽东走到麦克风前，向全中国、向全世界宣告："中华人民共和国中央人民政府今天成立了！"他那带着浓重湖南口音的声音，洪亮而庄严。广场上顿时欢声雷动。接着，毛泽东按动电钮，五星红旗在国歌《义勇军进行曲》的雄壮旋律中冉冉升起。之后，毛泽东宣读《中华人民共和国中央人民政府公告》。

随后是持续近三个小时的阅

兵式和分列式。阅兵总司令朱德穿一身新制服军装，佩戴“中国人民解放军”胸章，由阅兵总指挥聂荣臻陪同，驱车穿过天安门，缓缓通过金水桥。在军乐鸣奏中，朱德等沿着东长安街、东单广场，直到东交民巷，检阅三军部队。接着，随着《人民解放军进行曲》的雄壮节奏，一面火红的军旗在护旗兵的掌护下，引导受阅方队由东向西而来。这是“八一”军旗第一次向全国人民亮相。

握住第一次历史约会之手的人们，在1949年10月1日那天登上了天安门城楼。当时的经典画面，后来反复在荧屏上出现，我们已不陌生。1999年新中国成立50周年的时候，一部电视纪录片配着这些画面有这样的解说：“九州方圆，华夏风云，都汇聚到这个地方。千载岁月，百年奋斗，才迎来了这个时刻。曾经沧海，大浪淘沙，历史的洪流选择了这些人物。”

那时候的中国人，无论在什么地方，都会有一种特别的感受，特别的举动。半个世纪前发起过戊戌变法的梁启超的儿子梁思礼，那天正在回国途中的一艘叫“克利夫兰总统号”的海船上。他后来回忆说：“我因为是学无线电的，有一个比较好的收音机。那会儿已经知道，10月1日要宣布成立新中国，我就爬到比较高的地方，把天线接上，然后听新中国的广播。听到毛主席宣布新中国成立了！还听到新中国的五星红旗升起来了。船上所有进步同学都欢欣鼓舞，就说应该开个庆祝会。当时只听到是五星红旗，到底五个星是怎么个放法谁也不知道，只好根据我们自己的想象，拿一块红布，然后剪了五颗星，也知道有一个大星，四个小星，结果把一个大星就放在中央，然后四个小星放在四个角，这就是我们当时心目中的五星红旗。当时的新中国，像一个巨大的磁铁一样吸引着我们这些国外的游子。”

阅兵式结束时已是黄昏，长安街上华灯齐放，群众游行开始。一队队激动的群众涌向主席台，“人

庆祝开国大典的游行群众

民共和国万岁！”“毛主席万岁！”的口号声响彻云霄。毛泽东举着一只手，时而停在空中，时而挥动，左手累了换右手，右手累了换左手。群众的口号声越喊越高，毛泽东情不自禁地探身栏杆外。扩音器里不断地传出他洪亮的声音：“同志们万岁！”“人民万岁！”

此刻，陈毅正好站在毛泽东身边。面对此情此景，他不禁感慨万千：“今天看到这个场面，此生不虚了！”随后奋笔赋诗曰：“革命久从戎，胜利不自期。盛典今眼见，此生信不虚。”

毛泽东在天安门城楼上站了整整6个多小时，精神始终十分饱满。回到中南海住地，毛泽东对身边卫士说的第一句话就是：“胜利来之不易！”而且连着说了两遍。这句话在他的内心也许有着两层内涵：一是党领导人民经过28年艰苦卓绝的奋斗，才取得了革命胜利；二是为了今天，不知有多少革命先烈抛下头颅、洒下鲜血。也许他还想起了几位为革命献出了生命的亲人，虽然胜利足可告慰他们的英灵，但此时此刻他对他们分外思念。胜利确实来之不易！

这一天，任弼时因病没有出席开国大典。他坐在收音机旁收听实况广播时，激动地对妻子陈琮英说出了同样的话：“胜利来之不易，要珍惜它啊！”

这一天，邓小平参加完开国大典，心情也久久不能平静。他挥笔写下这样一段话：“永远铭记着：在过去长期艰难的岁月里，人民英雄们用了自己的鲜血，才换得了今天的胜利。”很快，他又风尘仆仆地踏上了解放大西南的征程。

这一天，登上天安门城楼的陈云，在充满喜悦的同时，感到肩上压着沉甸甸的担子。他在琢磨着新中国的“米袋子”和“钱袋子”的问题。两天后，陈云和薄一波致电毛泽东，指出物价仍有剧烈波动之可能。10月19日，陈云在中央人民政府第三次会议上，被任命为政务院副总理兼财政经济委员会主任。

这一天，宋庆龄同毛泽东、刘少奇、朱德等并排站在天安门城楼上。她后来回忆，那一刻，她举目四顾，只见孙中山的巨幅画像矗立在天安门广场前方，内心有一种难以抑制的欢欣。回忆像潮水般在她心里涌起来，连年的奋斗和艰苦的历程在眼前重现。但是另一个念头紧紧抓住了她的心：“这一次不会再回头了，不会再倒退了。这一次，孙中山的努力终于结了果实，而且这果实显得这样美丽。”1925年她来过的北京，曾是各国帝国主义的基地、孙中山不幸去世的伤心地。而这次到北京的感觉却有天壤之别，她听到了人民声振云霄的呼声。她说，这是她“一生中最快活的一天”。

年过花甲的李济深伫立天安门城楼，也不禁感慨：这一切实属不易！当年，他身为国民党陆军上将，却三次被蒋介石“永远开除出党”。收到毛泽东的邀请信后，在中国共产党的周密安排下，李济深摆脱港英当局和国民党的严密监视，终于离开香港辗转来到北京。李济深出现在开国大典上，令本想拼命阻挡他北上的那些人大吃一惊。更令他们吃惊的是李济深亮相的身份：中华人民共和国中央人民政府副主席。

在天安门城楼上，还有一位年近耄耋、银髯飘拂的长者含着泪水说：“我的心愿终于实现了！”他就是被毛泽东称为“老成谋国”的民主斗士张澜。他曾因拒绝国民党当局的利诱，被监禁在上海虹桥疗养院，1949年5月经中共地下组织营救脱险。在新中国开国大典前一天的政协第一届全体会议上，他和宋庆龄、李济深一同当选为中央人民政府副主席。死里逃生后又亲身参加开国大典，拥有这个激动人心的日子，张澜说他许久都恍若置身梦中。

这一天，还恰好是当年在延安窑洞里与毛泽东探讨国家兴亡“周期率”的黄炎培71岁的生日。他站在天安门城楼上，写下了“英雄‘永垂不朽’，立碑中华之门”、“归队五星旗下，高声义勇军歌”的《天安门歌》。屈指算来，为了救中国他已经奔波了半个多世纪。就在前几天，他得知自己早已加入中共的儿子惨遭国民党杀害。20天后，在中央人民政府委员会第三次会议上，他被任命为政务院四位副总理之一。

这一天，远离欢腾的北京城，遥远的南国终日寂然无声，一个身影寂寥地停留在广州梅花村行馆。他就是统治中国20余年的蒋介石。一大早他就起床了，但却没有迈出行馆半步。下午，他从广播中听到了毛泽东向全世界发出的豪迈声音。听着毛泽东那熟悉而又陌生的声音，蒋介石平静地对儿子蒋经国说：“毛泽东在北平建立政权，已是必然之事，必然之事……”

与蒋介石的落寞相对照的是，新中国开国大典引起了国际社会的极大兴趣，西方国家的一些进步媒体和进步团体纷纷发出祝贺和欢呼之声。开国大典的第二天，苏联政府便宣布与新中国建交，同时与国民党政府断绝外交关系。到10月7日，保加利亚、罗马尼亚、捷克斯洛伐克、匈牙利、朝鲜民主主义人民共和国、波兰等都宣布承认新中国，并与之建交。

这一天，在天安门广场迎接这个伟大历史时刻的北京30万各界群众队伍中，有一位年过花甲的老党员、京郊农民崔玉海。前一天，村里讨论谁去参加开国大典游行时，崔玉海首先报名。大家担心他年龄大，身体吃不消，他却说：“就是因为年岁大了，我想趁着身体还可以，去看看毛主席。”愿望实现了，他到处向人们讲述开国大典的盛况，描述毛主席怎样向游行队伍挥手的情景。这是他有生以来最高兴的一件事。

这一天，走过了炮火连天的大半个地球的"没有带地图的旅行者"萧乾，记下了这样的文字："每个人都感动得呆了，或者淌泪了——喜悦、希望的泪。一个想，这是腐烂与新生的分野；一个想，老了时，我将拍拍胸脯对我的儿孙吹榜：开天辟地的那一天，我在场！"他给这段话起了一个题目："我看见了中国的重生"。

这一天，国歌的词作者田汉陪同苏联作家法捷耶夫站在观礼台上，他的儿子田申就在台下的受阅部队里。阅兵式开始时，身边是《铁流》的作者，眼前是儿子率领的铁流滚滚的战车团，长空响彻着自己作词的国歌，田汉情不自禁地吟出了几句诗："新中国诞生，啼声动天下。禁城成红场，星旗映黄瓦……"

这一天，除少数还未解放的地区外，全国各地群众都纷纷隆重集会、游行庆祝。北京一位农妇、烈属李秀真说："一切都是毛主席给咱们的。人民每人分了三亩地，有吃的有喝的了。儿子为人民革命牺牲是光荣的，我不掉眼泪。我们不吃米，都留给解放军，我们解放军打敌人，这样才打来的北京。"吉林的一位工商业主说："这个新国家的建设是长久的事情，今天在共产党领导下我们再不受帝国主义和官僚资本的气了。我们可以自由经营工厂、私人企业的前途是很远大的。"唐山一位老工人说："这是工人大喊的日子，我有生以来也没经历过。"太原的一位平日舍不得点灯的商铺老板大声吆喝："点上一百瓦的大灯泡！"……

这一天，饱受苦难的中国人民真切感受到：一个旧时代结束了，另一个伟大新时代开始了！

（选自《党的文献》
2009年第3期）

十一国庆节的由来

早在1949年1月6日至8日，中共中央政治局在河北省平山县西柏坡召开会议，这次会议决议中就提出：

1949年必须召集没有反动派代表参加的政治协商会议，宣告中华人民共和国的成立，组成共和国的中央政府，并通过共同纲领。1949年9月21日至29日，中国人民政治协商会议第一届全体会议在北平召开。会议通过了具有临时宪法性质的《中国人民政治协商会议共同纲领》和《中国人民政治协商会议组织法》、《中华人民共和国中央人民政府组织法》，作出了关于中华人民共和国国都、国旗、国歌、纪年4个重要决议，会议选出毛泽东为中央人民政府主席，朱德、刘少奇、宋庆龄、李济深、张澜、高岗为副主席。会议还选出了由180人组成的政协第一届全国委员会。在10月9日召开的中国人民政治协商会议第一届全国委员会第一次会议上，选举毛泽东为中国人民政治协商会议第一届全国委员会主席，周恩来、李济深、沈钧儒、郭沫若、陈叔通为副主席。

1949年10月1日14时，中央人民政府委员会举行第一次会议，一致决议，宣告中华人民共和国中央人民政府成立中央人民政府主席、副主席及委员宣布就职。会议决定接受《中国人民政治协商会议共同纲领》为中央人民政府的施政方针。选举林伯渠为中央人民政府委员会秘书长，任命周恩来为中央人民政府政务院总理兼外交部长，毛泽东为中央人民政府军事委员会主席，朱德为中国人民解放军总司令，沈钧儒为中央人民政府最高人民法院院长，罗荣桓为中央人民政府最高人民检察署检察长。同日15时，首都30万军民齐集天安门广场，隆重举行庆祝中华人民共和国中央人民政府成立盛典。毛泽东主席庄严宣告：中华人民共和国中央人民政府今日成立，并亲自升起了第一面五星红旗。毛主席宣读了《中华人民共和国中央人民政府公告》："中华人民共和国中央人民政府为代表中华人民共和国全国人民唯一合法政府。凡愿遵守平等、互利及互相尊重领土主权等项原则的任何外国政府，本政府均愿与之建立外交关系"。随后举行了阅兵式和群众游行。朱德总司令检阅了海陆空军，并宣布《中国人民解放军总部命令》，命令中国人民解放军迅速肃清国民党一切残余武装，解放一切尚未解放的国土。同日，北京新华广播电台在天安门广场进行中华人民共和国开国大典实况广播。这是中国人民广播史上第一次大规模的实况

马叙伦在中国人民政治协商会议第一届全体会议上发言

广播，全国各地人民广播电台同时联播。

在1949年10月9日第一届全国政协第一次会议上，鲁迅的夫人许广平委员发言说，马叙伦委员请假不能来，他托我来说，中华人民共和国的成立，应有国庆日，所以希望本会决定把10月1日定为国庆日。毛泽东说，我们应作一提议，向政府建议，由政府决定。1949年12月3日，中央人民政府委员会第四次会议通过《关于中华人民共和国国庆日的决议》，规定每年10月1日为国庆日，并以这一天作为宣告中华人民共和国成立的日子。从1950年起，每年的10月1日就成为全国各族人民隆重欢庆的节日了。

（选自《党史博采》2006年第10期）

文人笔下的开国大典

夏衍："一望之下，是一片红旗的海"

这是一个伟大的日子。

上午10时半到车站欢迎苏联代表团，法捷耶夫、西蒙诺夫等，红军歌舞团同来。我拍了照。

下午2时半到天安门城楼，一望之下，是一片红旗的海。这一场面，是先烈们用鲜红的血换取来的。想起了郑汉先和庞大恩。3时15分毛主席宣告政府成立，朗诵公告，阅兵。

休息室中，恩来同志对我和丁玲说："你们得描写这个场面。"但不约而同地回答："语言太不够，太无力了。"后，他约刘晓和我谈了今后转外交部工作的问题。阅兵和游行到10时后才毕。（辑自日记）

10月1日，当我看到五星红旗在天安门冉冉升起的

夏衍

时候，真是感慨万千，泫然欲涕。我们这个有五千年文化的古国，经历了数不清的苦难，终于像旭日东升一样，重新站起来了。我自己，也终于盼到了这一天，可是，有什么办法能把这个喜讯告诉已经牺牲了的同志呢？我想起了郑汉先、庞大恩、何恐、童长荣、洪灵菲和柔石、冯铿……这些英勇献身的烈士。……开国大典之后不久，毛主席召开了一次有各大区负责人参加的座谈会……当朱德、刘伯承、陈毅、邓小平从进军西南谈到长征的时候，毛主席讲了一段意味深长的话，他说：我说过长征是宣言书、是播种机的话，但千万不要忘了迫使红军长征这一惨痛的教训；现在我们要开始建设了，忘记了这个教训，"前面乌龟爬泥路，后面乌龟照样爬"，那就会犯更大的错误。他说，建党二十八年来，我们犯过两次大错误，一次是1927年的右，一次是六届四中全会以后的左，一右一左，都大丧元气，所以我们一定要好好总结经验，接受教训。他一边抽烟，一边加重了语气说，这一右一左的根子，都在于教条主义，今后可千万不要再犯了。

（辑自《懒寻旧梦录》。夏衍为中国左翼电影运动开拓者文学艺术家、翻译家）

杨沫："这胜利、这欢乐，是我们多少同志、多少人民的鲜血、头颅换来的呀！"

这个日子是人类、是中国、是我永生不忘的日子！现在，听吧，街上锣鼓喧天，坦克、大炮、装甲车等重武器，在东单广场上庄严地陈列着；陆军士兵带着不可侵犯的神情，威武地站在他们的装甲车前岿然不动——他们将这样威严挺立，等待全北平市人民的检阅。

杨沫

政协成立了，中华人民共和国中央人民政府今天正式成立了！全北平，以及郊外几十万人民正在天安门前开庆祝大会。新的红色五星国旗，正飘扬在北平的大街小巷；红灯高悬在许多商店、住户门前。几天来，街上人山人海，昨晚电车都阻塞不通了。我因动手术后身体才复原，领导叫我在机关看家。午前十时，我坐着人力车，向南走来时，东西大街不能通行了，我是坐车绕到南小街才过来的。坐在车上，看看飘扬的新国旗，我突然因乐极而生悲。我想到这胜利、这欢乐，是我们多少同志、多少人民的鲜血、头颅换来的呀！立刻，许多牺牲了的同志的面影在我心上清晰地闪过。立刻，我眼里的喜泪变成悲泪，深惜我那些战友没来得及看见今天的盛况……是啊，先烈百年来的志愿是要建成一个崭新的富强的新中国。现在，我要告慰我牺牲的战友们：这个国家现在就要出现在东方的地平线上了！你们今天可以含笑九泉了。（辑自日记。杨沫为女作家）

冯友兰："解放军可真是'秋毫无犯'"

在1948年秋天，南京中央研究院推选我为院士，叫我到南京去开院士会议。在会中，我又当选为院士会议的评议会的委员。这个评议会，大致相当于院士会议的常务委员会。在大会闭会的那一天，蒋介石以"总统"的身份出席了。院士中有曾经参加过戊戌变法的老一辈学者张元济，他在蒋介石的面前放了一炮，他说：大家要看看外边是什么情况，内战愈打愈烈，民不聊生，还要开这种会议，这是自欺欺人，要赶紧停止内战！这些话虽都是大家心里话，可是经他当

冯友兰

着蒋介石的面公开地一说，大家都觉得愕然，对张老先生敬佩不已，蒋介石没有回答，主持会的人看见事情有点僵，就宣布散会。……在傅作义军队撤走以后，解放军还没有到，清华这一带成为"真空"地带。可是社会秩序很好，人民安居乐业。清华校内，也很平静，师生们生活照常。过了几天，解放军才开到海淀，他们没有进清华，只在校门口设置了一个岗哨，有一个解放军同志在那里站岗。……常看见书上说，某某军所到之处"秋毫无犯"，以为是溢美之词，未必真有那样的军队。可能过去是没有的，解放军可真是"秋毫无犯"。我还想到，不记得什么书上说的一句话："王者之师，有征无战。"这次解放清华，不就是"有征无战"吗？后来才知道，称解放军为"王者之师"还是不恰当的，他们不是"王者之师"，他们是人民的子弟兵。（辑自《三松堂自序》。冯友兰为哲学家，时为清华大学教授兼校务会议主席）

胡风："时间开始了"

胡风参加了开国大典，但他的日记很简单："下午3时，天安门举行中华人民共和国中央人民政府成立典礼，阅兵，人民大游行。典礼与阅兵从3时到6时，群众行列从6时继续到9时一刻。"（辑自日记）

但自从那次参加先农坛庆祝党生日的晚会和不久前参加的开国大典以来，（胡风）脑海里出现了很多形象和诗句，他开始创作长诗《时间到了》（后定为《时间开始了》），除了和一些比较相知的

胡　风

朋友聊聊天外，差不多整天都被创作激情燃烧，忘却了人间的一切纠缠不休和苦恼，日以继夜不知疲倦地写着。每写成些章节，就给青年诗人鲁煤、许放、于行前等人朗诵，征求他们的意见。几天后，第一乐章《欢乐颂》就写出了，并将它改好抄出，交给了《人民日报》。……这是建国以来第一部歌颂党、歌颂祖国、歌颂领袖的作品，道出了从旧社会过来的知识分子的心声，朋友们见到他时都不约而同地表示了赞赏。（辑自梅志《胡风传》。胡风为文学家及文学理论家）

巴金："这是一个震惊世界的事实"

10月1日那天，巴金是有幸站在天安门城楼的观礼台上见证开国大典的少数文化代表之一。望着广场上数不清的头和手，他知道，中国人民"结束了过去的痛苦和屈辱的生活，做了自己的主人"。参加开国大典的经历，令巴金终身难忘，一年后，他追忆道："一年前的今天，在北京，夜晚10点钟以后，我从天安门回到了宿舍，听着远远近近的锣鼓声，我兴奋得不能合眼，我坐在桌子前面，拿起笔在纸上写着，我一直写到深夜。我反复地写着同样的一句话：'占人类总

巴　金

数的四分之一的中国人从此站立起来了。'……这百年来有多少撕裂人心的痛史！有多少不平不义的故事！有多少牺牲掉的有为的生命，埋没掉的卓绝的才能！还有无数说不尽写不完的奇耻大辱啊！然而现在那一切，那一切都过去了，都像梦魇一般地过去了！是永远不会再来的了！因为我们中国人已经站起来了。这不是一句空话。这是一个震惊世界的事实！所以我们怀着快乐的、感激的心来迎接这个伟大的日子。"这些场景在巴金的脑海里如此根深蒂固，以至于十年后当他回想起时仍然十分激动，他说，"一个幸福的时代开始了"。（巴金为现代文学家、翻译家、出版家）

钱钟书、杨绛："我们只是舍不得祖国"

1949年上海解放前夕，杨绛、钱钟书和许多其他爱国的知识分子一样，不仅拒绝了国民党的拉拢，不去台湾，而且真心实意地拥护中国共产党的领导。上海易帜之前，钱钟书曾随教育部访问团访问

钱钟书(左) 杨绛 (右)

台湾，台湾大学聘请他为教授，但他没有留下。香港大学请他赴任文学院院长，他认为香港"不是学人久居之地，以不涉足为宜"，也没有去。杨绛的《干校六记》的说法是："我想到解放前夕，许多人惶惶然往国外跑，我们俩为什么有好多条路不肯走呢？思想觉悟高吗？默存常引柳永的词：'衣带渐宽终不悔，为伊消得人憔悴。'我们只是舍不得祖国，撇不下'伊'——也就是'咱们'或'我们'。尽管亿万'咱们'或'我们'中素不相识，终归同属一体，痛痒相关，息息相连，都是甩不开的自己的一部分。"50年后，杨绛在接受记者的访谈时，针对"你们这一代知识分子，在1949年时完全可以离开内地

的，为什么留下了呢？”的问题，答道：“很奇怪，现在的人连这一点都不能理解。因为我们爱我们的祖国。”“很多外国人不理解我们，认为爱国是政客的口号。政客的口号和我们老百姓的爱国心是两回事。我们爱中国的文化，我们是文化人。中国的语言是我们喝奶时喝下去的，我们是怎么也不肯放弃的。”（钱钟书、杨绛为著名学者、文学家）

俞平伯：怀着激动的心情写了新诗

1949年的俞平伯，对亦师亦友的陈寅恪的南下感到惘然。面对陈寅恪九年前给他的旧稿，他说：“陈今已南去，兵烽间重读尤惘然也。”1949年知识分子面临的选择题是：走，还是不走。俞平伯选择了留下。面对新政权，俞平伯是拥护与支持的，但在拥护与支持的背后也有疑惑与忧虑。为了适应新时代，俞平伯努力改变着自己。他参加座谈会，听周扬介绍解放区的文艺运动状况，学习共产党的文艺政

俞平伯

策，还曾就“如何能写出为工农兵服务的文学”这一问题发表自己的看法。不仅如此，多年来不写新诗的俞平伯又怀着激动的心情写了新诗《七月一日红旗的雨》，俞平伯对新诗的重拾兴趣，在一定程度上也是在迎合新时代的文艺要求。面对新中国的新气象，毫无疑问，俞平伯的心情是兴奋而又激动的，这种心情也是当时留下来的知识分子的普遍心态。（俞平伯为古典文学研究家、红学家）

（选自《北京日报》
2009年9月28日）